Bibliografische Information der Deutschen Nationalbibliothek

Die Deutsche Nationalbibliothek verzeichnet diese Publikation in der
Deutschen Nationalbibliografie; detaillierte bibliografische Daten sind
im Internet über http://dnb.d-nb.de abrufbar.

Umschlagabbildung: © Sergey Nivens – Fotolia

Umschlaggestaltung: SchwabScantechnik, Göttingen
Satz, Layout und Lithografie: weckner media+print GmbH, Göttingen
Druck und Bindung: ⊕ Hubert & Co. BuchPartner, Göttingen
Printed in the EU.

Vandenhoeck & Ruprecht Verlage | www.vandenhoeck-ruprecht-verlage.com

ISBN 978-3-525-70098-3

Kompetent evangelisch 7

Evangelischer Religionsunterricht
für das Gymnasium

Jutta von Heymann, Eva Kufner, Michael Thiedmann

Unter Mitwirkung von Andrea Reutter

Vandenhoeck & Ruprecht

Inhalt

Vorwort 6

Lernbereich 1

Glaube findet Sprache

1. Glaube wird sichtbar — Wir begreifen die zentrale Rolle des Heiligen Geistes und erfahren, wie und wo er Glauben wirkt. Im Kirchenbau verschiedener Epochen sowie in unterschiedlichen Elementen des Gottesdienstes wird Glaube für uns und andere sichtbar. 9

Lernbereich 2

Kirche hat Geschichte

2. Kirche beginnt — Wir erfahren, wie mit Pfingsten die Geburtsstunde der Kirche schlägt und wie die ersten Christen ihren Glauben lebten. Wir lernen mit Paulus einen der Weichensteller des Christentums kennen und entdecken, wie die Verfolgung der ersten Christen mit Kaiser Konstantin ein Ende fand. 25

Lernbereich 3

Islam

3. Muslime in unserer Nähe — Wir lernen Grundlegendes über den Islam, den Propheten Mohammed und die fünf Säulen kennen und sehen, wie der Alltag von Muslimen und Musliminnen durch ihre Religion mitbestimmt wird. Im Vergleich mit dem Christentum entdecken wir Gemeinsamkeiten und Unterschiede – und wie wir gut mit verschiedenen Konfliktthemen umgehen. 41

| Lernbereich 4 | 4. Spieglein, Spieglein an der Wand | Wir denken darüber nach, wie Wünsche von Medien und Vorbildern beeinflusst werden, und entdecken den christlichen Glauben und biblische Visionen als wichtige Impulsgeber für einen lebensdienlichen Umgang mit unseren Sehnsüchten. Wir erkennen, dass Sehnsüchte einerseits zu Sucht und Abhängigkeiten führen können, aber andererseits auch Menschen motivieren können, ihre Visionen von einer besseren Welt zu realisieren. | 61 |

Ich und meine Wünsche

| Lernbereich 5 | 5. Einander stützen | Wir nehmen Hilfsbedürftigkeit in unserem Umfeld wahr und denken über Möglichkeiten und Grenzen unseres Helfens nach. Wir erkennen an biblischen Geschichten die große Bedeutung der Nächstenliebe und können ihre Umsetzung im helfenden Handeln der Kirche früher und heute aufzeigen. | 77 |

Nächstenliebe und diakonisches Handeln der Kirche

6. Methoden

– Operatoren 91	– Pro- und Kontra-Debatte 96	91
– Digitale Präsentation 92	– Referat 97	
– Feedback 93	– Thesenrallye 98	
– Gruppenpuzzle 94	– Wortcollage 99	
– Hörspiel 95	– Ausgewählte Methoden aus Jahrgangsstufe 6 100	

Lexikon — 101

Themen für Referate — 108

Bibelstellen — 109

Quellen — 110

Vorwort

Liebe Schülerinnen und Schüler,

ihr seid jetzt im dritten Jahr auf dem Gymnasium und kommt bald in die Mittelstufe. Es gibt weiterhin viel zu entdecken und zu erleben. Auch im Fach Religion warten spannende Themen auf euch.

In diesem Jahr beschäftigen uns

- Symbole des Heiligen Geistes und sein Wirken auf der Erde; wir erfahren, wie sich Glaube in Kirchenbau und Gottesdienst widerspiegelt (Kapitel 1: **Glaube wird sichtbar;** Lernbereich 1),

- die Geburtsstunde der Kirche und wie der Missionar Paulus das Christentum in der damaligen Welt verbreitete; wir lernen, warum die erste Zeit der jungen Kirche nicht einfach war und wie mit Kaiser Konstantin erstmals Ruhe einkehrte (Kapitel 2: **Kirche beginnt;** Lernbereich 2),

- die Grundlagen des islamischen Glaubens, sein Prophet und der Alltag von Musliminnen und Muslimen bei uns und in der Welt (Kapitel 3: **Muslime in unserer Nähe;** Lernbereich 3),

- Wünsche und Visionen, die unseren Alltag bereichern können, aber auch Gefahren bergen; wir entdecken, wie uns biblische Impulse bei einem guten Umgang mit ihnen helfen (Kapitel 4: **Spieglein, Spieglein an der Wand;** Lernbereich 4),

- wo und wie wir anderen eine Hilfe sein können; wir finden Beispiele, wie Kirche früher und heute im Namen der Nächstenliebe Menschen hilft (Kapitel 5: **Einander stützen;** Lernbereich 5).

Der Aufbau der Kapitel ist wie schon in den Jahren zuvor:
Jedes Kapitel startet mit einem Bild für den ersten Eindruck über das Nachfolgende. Die anschließenden Materialien sind mit dem Buchstaben M gekennzeichnet und pro Doppelseite durchnummeriert. Die Aufgaben erkennt ihr durch die farbliche Abhebung. Die Operatoren in den Aufgaben geben in Singular oder Plural an, zu wieviel gearbeitet werden soll. Damit ihr sicher geht, was ein Operator von euch verlangt, gibt es zu Beginn des Methodenkapitels eine Übersicht der gängigen Operatoren in diesem Buch.

Auch im Jahrgang 7 endet jedes Kapitel mit der „Kompetent evangelisch!?!"-Seite. Zeigt, was ihr auf den vorherigen Seiten alles gelernt habt, und verwendet für die Aufgaben euer ganzes neu erworbenes Wissen. Prüft anhand der unter den Aufgaben genannten Kompetenzen, ob ihr alles Wichtige zu dem Kapitelthema mitgenommen habt.

Kapitel 6 enthält neue Methoden, die ihr im Laufe des Buches über die Aufgaben kennenlernt. Eine der Methoden ist das Referat. Im Buch verteilt findet ihr viele verschiedene Referatsthemen. Damit ihr euch über diese bereits zum Schuljahresbeginn einen Überblick verschaffen könnt, gibt es ganz hinten auf Seite 108 eine Übersicht aller Themenvorschläge. So könnt ihr schon einmal überlegen, welches Thema für euch infrage kommt.

Manche der Methoden bauen auf Methoden aus dem Vorjahr auf. So ist die Pro-Kontra-Debatte eine Form der Diskussion, und manches, was es bei der Plakatgestaltung zu beachten gab, gilt auch für digitale Präsentationen. So wird euer Können, auf verschiedene Weisen mit einem Thema umzugehen, erweitert und vertieft.

Zudem gibt es Verweise zu den Methoden aus Band 6. Diese sind mit einem grauen Puzzleteil markiert. Den Abschluss des Methodenkapitels bildet eine kurze Übersicht der Methoden aus dem letzten Jahr. Wenn euch diese nicht reicht, bittet in der Schulbuchbibliothek um einen Band 6 oder 5.

Das letzte Buchkapitel bildet wieder das Lexikon. Ihr findet Erklärungen für wichtige Begriffe aus den Kapiteln sowie für Fremdwörter. Auch einige wichtige Begriffe aus dem letzten Jahr sind hier nochmals aufgenommen. Alle Wörter, die im Lexikon zu finden sind, werden im Text durch graue Unterstreichung hervorgehoben. Im Lexikon findet ihr sie dann alphabetisch sortiert. Immer, wenn ihr ein Wort nicht kennt, könnt ihr zunächst im Lexikon nachschlagen, ob ihr es dort findet.

Im Buch tauchen die schon bekannten Symbole auf, die euch bei der Orientierung helfen.

Der ➲ Pfeil verweist auf Materialien auf anderen Seiten.

Das 🧩 Puzzleteil zeigt euch an, dass hier eine der Methoden aus Kapitel 6 angewandt werden soll. Schlagt nach, was es bei welcher Arbeitsweise zu beachten gibt.

Das 🧩 graue Puzzleteil verweist auf Methoden aus dem Vorjahr.

Das 🔭 Fernrohr zeigt an, dass hier in die Weite geschaut wird. Es steht neben Aufgaben, die über das, was ihr am Ende des Kapitels können sollt, hinausgehen. Diese Aufgaben können knifflig und zeitintensiv sein. Doch auch hier gibt es Spannendes zu entdecken.

Neu in diesem Schuljahr ist das Symbol der Leiter ▤ neben Aufgaben. Es bedeutet, dass diese anspruchsvoller sind, sie bewegen sich aber immer im Rahmen dessen, was ihr am Kapitelende können sollt. Da jede Person ihr eigenes Lerntempo und ihre eigenen Stärken und Schwächen hat, hilft das Symbol dabei, für jeden die richtige Aufgabe zu finden.

Die Symbole neben den Materialien dienen der Textartbestimmung und haben sich nicht geändert. Jede Textart fordert etwas anderes von ihren Leserinnen und Lesern. Zur Erinnerung:

Erzähltexte sind fiktional, d. h. erdacht. Sie sind oft unterhaltsam, regen aber auch zur Diskussion und zum Nachdenken an – denn gerade in Erzählungen stecken Wahrheiten.

Sachtexte und **Infotexte** vermitteln Wissen und Informationen.

Texte zum Singen und Sprechen sollten vorgetragen werden, da ihr sie hören müsst, um sie richtig zu verstehen.

Meinungstexte geben die Meinung einer Person wieder und fordern auf, über die eigene Position nachzudenken.

Merktexte sind so bedeutsam, dass ihr sie auswendig lernen sollt.

Bibeltexte sind ganz unterschiedlicher Art. So gibt es *Texte zum Singen und Sprechen* wie beispielsweise die Psalmen und *Erzähltexte* wie Gleichnisse. Damit ihr diese Texte als Bibelstelle immer gleich identifizieren könnt, sind sie grau unterlegt.

Wir wünschen euch im kommenden Schuljahr viele bohrende Fragen, die in die Tiefe gehen, kluge Gedanken hervorbringen und heiße Diskussionen entfachen. Aber vor allem wünschen wir euch, dass ihr weiter gut miteinander auskommt.

Autorinnen und Autoren von Kompetent evangelisch 7

1 Glaube wird sichtbar

Quint Buchholz: Zuversicht (2016)

1. Beschreibt das Bild wird überlegt euch mögliche weitere Titel dafür.
2. Der Maler Quint Buchholz hat dem Bild den Titel „Zuversicht" gegeben. Schreibe einen inneren Monolog des Mannes auf der Leiter, in dem diese Zuversicht deutlich wird.
3. Erläutere in wenigen Sätzen, wie der Titel des Kapitels und das Bild zusammenpassen. Sammle, was auf Bildern zu sehen sein müsste, damit du ihnen den Titel gibst „Glaube wird sichtbar". Tausche dich anschließend mit deinemNachbarn / deiner Nachbarin aus.

Gottes Geist kommt auf die Erde

M1

M2

Lass wehen, Gott!
Regenwolken in vertrocknete Seelen,
Zugluft durch verstaubte Gedanken,
zarten Hauch allen Verliebten
und Sturm durch alles wohl Geordnete.   5

    Lass wehen, Gott, wo du willst!
    Und kümmere dich nicht um den Wetterbericht,
    der nur Sonnenschein ankündigen will
    in einer Welt voll Unrecht und Trübsal,
    voller Hass und Tod.   10

Lass wehen, Gott, und reiß uns mit!
Wirf uns um!
Zeig uns Leben!
Und begeistere uns!

Christoph Breit

1. Da braut sich ein Sturm zusammen. Berichtet von eigenen Unwettererfahrungen. Wo wart ihr, was habt ihr gemacht und was habt ihr gefühlt? Tauscht euch darüber aus, ob M1 eure Erfahrungen widerspiegelt.

2. Stürme gibt es nicht nur in der Natur. Überlege dir, wo es in deinem Leben unruhig oder stürmisch werden könnte.

3. Lest M2 und erläutert, warum Christoph Breit einen Sturm herbeiwünscht.

4. In Joel 3,1–5 wird beschrieben, wie das ist, wenn Gottes Geist kommt und weht. Lest die Bibelstelle und setzt sie in Bezug zu M1 und M2. Haltet schriftlich fest, wie der Prophet Joel das Wehen Gottes beschreibt. Lasst Platz für Ergänzungen.

Eugen Keller: Kanzelmosaik in der Konstantin-Basilika zu Trier (1961)

Die Flammenzungen sind ja ein wunderbares Bild dafür, dass ein Mensch  für eine Sache „brennt", sich brennend begeistern kann, einen Sturm der Begeisterung erlebt, dass Menschen „mit brennender Geduld", wie Pablo Neruda sagt, auf das Ziel zugehen, für das es sich zu leben und selbst zu
5 sterben lohnt.

Renate Wind

5. Gott und sein Geist zeigen sich ganz unterschiedlich. In 1. Kön 19,11–13 trifft der Prophet Elia auf Gott. Lest die Bibelstelle und besprecht, wie ihr eure Beschreibung vom Geist Gottes aus Aufgabe 4 ergänzen solltet.

6. In der sechsten Jahrgangsstufe habt ihr die Pfingstgeschichte (Apg 2) kennengelernt. Auch hier spielt der Heilige Geist eine zentrale Rolle. Wiederholt euer Wissen in Partnerarbeit zu den Pfingstereignissen anhand von M3 und tragt eure Ergebnisse anschließend in der Klasse zusammen.

7. Beschreibt detailliert die Körpersprache der Personen, die M3 abbildet. Deutet, wie sie auf den Heiligen Geist reagieren.

8. Lies M4 und tausche dich mit deinem Nachbarn / deiner Nachbarin darüber aus, wie es sich anfühlt, wenn jemand für eine Sache oder ein Thema brennt. Wo erlebst du einen Sturm der Begeisterung?

9. Erläutere, warum mit der Pfingstgeschichte auch ein Sturm einhergeht. Lass deine Kenntnisse aus den bisherigen Aufgaben der Doppelseite in deine Ausführungen einfließen.

10. Stellt in Standbildern Situationen nach, in denen ihr vor Begeisterung brennt oder euch ein Sturm der Begeisterung erfasst. Vergleicht eure Standbilder mit M3.

11. „Mit brennender Geduld" – ist das nicht ein Widerspruch? Diskutiert diese Frage.

12. Auch EG 564 (Evangelisches Gesangbuch) beschreibt den Heiligen Geist. Schlagt das Lied nach und arbeitet heraus, wie für die beiden Textautoren der Heilige Geist ist.

13. Dichtet für das Lied aus Aufgabe 12 eine weitere Strophe, in welcher ihr eure eigenen Gedanken über die Kraft des Heiligen Geistes zum Ausdruck bringt.

Geist Gottes und sein Wirken

M1

1. In M1 hat ein Schüler gestaltet, wie er sich das Wirken des Heiligen Geistes vorstellt. Ein paar Element kann man gut biblischen Geschichten zuordnen, die ihr schon kennt. Sucht diese und erklärt die Rolle des Heiligen Geistes darin.

2. Viele Aspekte der Collage (M1) sind nicht ohne Weiteres verständlich. Suche dir drei heraus und formuliere zu ihnen Thesen in folgender Form: „Der Heilige Geist, das sind Hände, die …", „Der Heilige Geist ist ein Kompass, der …" oder „Der Heilige Geist ist ein Richter, der …". Vergleicht eure Thesen.

Gerade in diesen ersten Jahrzehnten der Kirche spürten die Christen den Heiligen Geist nicht nur wie eine anonyme Kraft. Sie machten die Erfahrung, dass der Geist selbst wie eine eigene Person bewusst und zielgerichtet handelt. Man konnte ihn ansprechen, zu ihm beten, er war Tröster und Beistand. In
5 ihm war der auferstandene Christus gegenwärtig, und damit Gott selbst. „Gott ist Geist", sagt Jesus und umgekehrt formulierten die Theologen der ersten Jahrhunderte: „Der (Heilige) Geist ist Gott." Er ist der nahe Gott, der anwesende Gott, Gott in Aktion. Der Gott, der uns Menschen anspricht, uns in Bewegung setzt, in uns lebt und atmet.

Tilmann Haberer

„Wie fühlt man Gott?", fragt Sophie.

Herr Wohllieb ist manchmal etwas überfordert von Sophies Fragen. Möglicherweise liegt es daran, dass es in seinem Leben bisher niemanden gab, der ihm Fragen stellte. Und seine eigenen Fragen wiederum sind selten dazu ge-
5 eignet, ihn selbst zu überraschen. Sophies Fragen überraschen ihn, und vor allem überraschen ihn seine Antworten. Er hat keine Ahnung, woher sie plötzlich kommen. „Am besten", sagt er, „man setzt sich in einen Sessel und wartet, dass man was fühlt."

„Kann man dabei stricken?"
10 Herr Wohllieb hat noch nie gestrickt, aber seiner Erfahrung nach ist es in siebzehn von achtzehn Fällen schwierig, zwei Sachen gleichzeitig zu tun.

Sophie denkt einen Moment darüber nach, wie es wäre, ohne Strickzeug in einem Sessel zu sitzen. „Und wenn man nun nichts fühlt, das sich wie Gott anfühlt? Nur den Luftstrom eines schlecht schließenden Fensters oder das
15 zwickende Knie oder ein Unbehagen, das, wenn man ihm nachgeht, mit einem unangenehmen Gespräch zu tun hat, das man am Vormittag geführt hat?"

„Das könnte", sagt Herr Wohllieb schüchtern, „doch schon ein Anfang sein."

Susanne Niemeyer

3. Erläutert mithilfe der nachfolgenden Bibelstellen weitere Szenen der Collage (M1). Geht dafür in Gruppen zusammen und teilt die Bibelstellen untereinander auf:
1. Mose 1,1–2; Jona 1,4; Ps 104,29; Jes 40,7; Röm 8,14; Gal 5,22.23a; Joh 14,26; Joh 16,7–8; Ps 51,13–14; Mt 1,18; Mk 1,9–11; Röm 8,9.

4. Notiert die Bibelstellen, die eurer Meinung nach nicht in der Collage umgesetzt wurden. Beschreibt, wie ihr diese Bibelstelle in der Collage gestaltet hättet. Prüft, welche der Thesen aus Aufgabe 2 nun für euch nachvollziehbar sind.

5. Lies M2 und erkläre damit und mit deinem bisherigen Wissen, warum der Heilige Geist in der Geschichte Gottes mit den Menschen notwendig ist.

6. Wie fühlt sich Gott an? Beantworte die Frage für dich und lies anschließend M3. Bist du mit Herrn Wohlliebs Antwort zufrieden? Tausche dich anschließend mit deinem Nachbarn/deiner Nachbarin aus und tragt eure Ergebnisse ins Plenum (6 Think – Pair – Share).

7. Probiert zu Hause die Antwort von Herrn Wohllieb (M3) aus. Berichtet, wenn ihr wollt, in der nächsten Unterrichtsstunde von euren Erfahrungen.

8. Herr Wohllieb (M3) ist von Sophies Fragen manchmal überfordert. Diskutiert, warum die Frage, wie man Gott fühlt, besonders herausfordernd ist. Fallen euch weitere derartige Fragen ein?

Der Heilige Geist, an den ich glaube?!

M1   Ich glaube an den Heiligen Geist,
die heilige christliche Kirche,
Gemeinschaft der Heiligen,
Vergebung der Sünden,
Auferstehung der Toten
und das ewige Leben.
Amen.

M2

1. Lernt den dritten Artikel des Apostolischen Glaubensbekenntnisses (M1) auswendig. Wiederholt die anderen beiden Artikel des Glaubensbekenntnisses und sprecht es als Ganzes.

2. Vergleicht das Apostolische Glaubensbekenntnis (EG 903) mit dem Glaubensbekenntnis von Nizäa-Konstantinopel (EG 904). Lest auch jeweils die Einführungen im Evangelischen Gesangbuch. Tauscht euch über Unterschiede und Gemeinsamkeiten der beiden Bekenntnisse aus. Überlege anschließend für dich, welche Version du ansprechender findest, und begründe deine Entscheidung.

3. Letztes Jahr hast du die Evangelien als Zeugnis des Glaubens kennengelernt. Überlege dir, welche Vorteile das Glaubensbekenntnis gegenüber den Evangelien hat, um den Glauben zu bekennen. Nutze dazu auch dein Wissen aus Aufgabe 2.

4. Überlegt euch paarweise eine Szene zu M2. Stellt euch vor, der Titel des Fotos sei „Vergebung der Sünden". Spielt euch gegenseitig eure Szenen vor und gebt euch Feedback. Welchen Unterschied macht es in den Szenen, ob man an Sündenvergebung glaubt oder nicht?

5. Untersucht, wo ihr Aspekte der Vergebung in der Collage M1 auf ➲ S. 12 entdecken könnt.

6. Lest M3 und diskutiert, ob der Text ein Glaubensbekenntnis ist.

Ich glaube an den Himmel auf der Erde. Ich glaube, wir sind mittendrin. Ich glaube meinen Freunden, ich glaube gegen jedes bessere Wissen, dass St. Pauli aufsteigt, ich glaube, dass das Leben 1000 Möglichkeiten hat, und eine davon passt für mich.

5 Ich glaube an die Liebe, obwohl mich liebeskummerdurchweinte Nächte eines anderen hätten lehren können, ich glaube, dass man nach jedem Scheitern neu anfangen kann. Ich glaube, dass alle Menschen gleich viel wert sind, ich glaube, dass Gott nicht rechnet.

Ich glaube an den Frühling und die Kirschblüten, jedes Mal wieder. Ich 10 glaube an den Verstand, und ich glaube, dass man, wenn es sein muss, übers Wasser gehen kann. Ich glaube an Zeichen auf Häuserwänden. Ich glaube, dass reden hilft. Träumen auch. Ich glaube, dass glauben besser ist als nicht glauben. Ich glaube an das Leben, das Sein und das Morgen.

Susanne Niemeyer

Drei Zitate von Wilhelm Busch zum Thema Glaube   M4

Wer in Glaubenssachen den Verstand befragt,
kriegt unchristliche Antworten.

Glaubenssachen sind Liebessachen,
es gibt keine Gründe dafür oder dagegen.

Glaube beruht auf Ursachen, nicht auf Gründen.

Wilhelm Busch

7. „Ich glaube an das Leben, das Sein und das Morgen." (M3) – „Ich glaube an die Auferstehung der Toten und das ewige Leben." (M1) Überlege dir, ob hier dasselbe gemeint ist. Setze beide Zitate in Beziehung zum Einstiegsbild auf ➲ S. 9.
8. Prüfe, ob du andere Teile aus M1 in M3 wiederfinden kannst. Tausche dich mit deinem Nachbarn / deiner Nachbarin aus und tragt eure Ergebnisse ins Plenum (Think – Pair – Share).
9. Und woran glaubst du? Schreibe deine eigene Version von M3. Wenn du nicht genau sagen kannst, woran du glaubst, dann bleib ungenau.
10. Glaube und Verstand, Glaube und Liebe, Glaube und Ursachen – erklärt jeweils den Zusammenhang der Wortpaare in M4.
11. Verwendet die Zitate aus M4 für eine Thesenrallye.
12. In seinem Kleinen Katechismus hat Martin Luther auch den dritten Artikel des Glaubensbekenntnisses erklärt. Schlage diese Erklärung im Evangelischen Gesangbuch unter EG 905 nach. Erläutere, warum der dritte Glaubensartikel nicht nur lautet: „Ich glaube an den Heiligen Geist. Amen."

Der Heilige Geist nimmt Gestalt an

M1

Die ersten Christinnen und Christen waren von Jesu Botschaft begeistert. Von ihrem Glauben bewegt, trafen sie sich anfangs in ihren Wohnhäusern. Dort erzählten sie sich die überlieferten Geschichten von Jesus und feierten miteinander Abendmahl. Ab der Mitte des vierten Jahrhunderts baute man zur Feier des Gottesdienstes gezielt Gebäude ähnlich einer römischen Basilika. Die Kirchen sollten Orte der Gottesbegegnung und Gottesbeziehung sein. Mit ihrer Bauweise sind sie Zeugnisse des christlichen Glaubens: Durch den Raum sollte etwas von der Kraft des Glaubens zu spüren sein.

  In Stein gemeißelt spiegeln die Kirchen wider, was die Menschen zur jeweiligen Zeit über Gott dachten. Dabei erzählen die Bauwerke auch von ihren Wünschen, Sehnsüchten und Hoffnungen.

M2

Ausschnitt des Kirchenraums von St. Nikolaus in Winterhausen

M3

Kirche St. Ulrich in Regensburg

Romanik:
Ein feste Burg ist unser Gott

Skizze eines romanischen Portals

Kirche St. Lorenz in Nürnberg

M4

Gotik:
Näher zu Gott,
dem Himmel entgegen

Skizze eines gotischen Portals

1. Lest M1 und tauscht euch darüber aus, aus welchen Gründen die christlichen Gemeinden anfingen, für ihre Gottesdienste Kirchen zu bauen, statt bei ihren Wohnhäusern als Versammlungsort zu bleiben. Mehr zu den frühen Christen erfahrt ihr in ➲ Kapitel 2.

2. Benennt die Elemente des Kirchenraums in M2. Nutzt dazu euer Wissen aus der 5. Jahrgangsstufe.

3. Blickt man Richtung Altar, so steht seitlich davor in manchen Kirchen das Taufbecken (M2). Dass der Kirchenbesucher damit *vor* dem Altar das Taufbecken erreicht, spiegelt eine elementare Erfahrung im christlichen Glauben wider. Diskutiert, welche das ist, und erinnert euch als Hilfestellung an das Leben Jesu. Deutet auch die anderen Bildelemente von M2 hinsichtlich ihrer Glaubensaussagen.

4. Bauwerke als Zeugnisse des Glaubens (M1). Betrachtet die Kirchen M3, M4 und ➲ S. 18, M1. Beschreibt die Unterschiede und versucht, mithilfe der Bildüberschriften den Glauben der jeweiligen Epochen zu charakterisieren.

5. Betrachte die Portalskizzen in M3, M4 und ➲ S. 18, M1. Formuliere eine kurze Entscheidungshilfe, mit der du in Zukunft Kirchen anhand ihrer Portale ihren jeweiligen Epochen zuordnen kannst.

6. Erarbeitet in Gruppen ⚎ Referate mit ⚎ digitalen Präsentationen zu den drei Epochen Romanik, Gotik und Barock. Recherchiert zur Lebenswirklichkeit der Menschen in ihren jeweiligen Epochen sowie zur Rolle von Religion und Glaube. Findet für die Epochen weitere Unterscheidungsmerkmale der Kirchenbaustile wie beispielsweise die Fenster und die Kircheninnenräume. Je nach Klassenstärke könnt ihr auch Gruppen zu weiteren Epochen – wie Renaissance, Klassizismus, Jugendstil – bilden. Haltet anschließend eure Referate und gebt euch ⚎ Feedback.

7. Nutzt euer Wissen aus Aufgabe 6 und überlegt euch für jede der Epochen (M3, M4, ➲ S. 18, M1), wie ein Glaubensbekenntnis lauten könnte. Nehmt dafür den dritten Artikel des Glaubensbekenntnisses ➲ S.14, M1, und fügt ein, was unter der „christliche Kirche" verstanden wurde. Bei Bedarf könnt ihr auch zu anderen Elementen des Artikels zur Epoche passende Beschreibungen ergänzen.

Der Heilige Geist verändert seine Kirche

M1

Theatinerkirche in München

Barock:
Eine schmucke Perle im tristen Alltag

Skizze eines barocken Portals

M2

Wenn ich in der Stadt bin und eine Kirche sehe, zum Beispiel einen schönen Dom, dann gehe ich auch mal rein. […] Es sind einfach schöne Orte. Wie ein Vereinsheim. Da geht man rein und trifft die richtigen Leute.

Fußballtrainer Jürgen Klopp

1. Überlege dir, aus welchen Gründen du in Kirchen gehst. Vergleiche sie mit der Position von Jürgen Klopp (M2).

2. Kirche als Vereinsheim. Diskutiert, ob ihr den Vergleich von Jürgen Klopp (M2) passend findet. Wodurch wird eine Kirche für euch zu etwas Besonderem?

3. Formuliere für die Weidenkirche (M3, M4) eine ähnliche Überschrift wie bei den Kirchen in M1 und ➲ S. 16f., M3 und M4.

4. Sammle für dich, was dir beim Bau einer Kirche wichtig wäre. Tauscht euch über eure Überlegungen aus und gestaltet eure Vision von Kirchengebäuden, z. B. als Collage. Findet auch für eure Kirche eine Überschrift, wie schon für die Weidenkirche in Aufgabe 3.

5. Braucht es Kirchengebäude überhaupt? Man kann doch schließlich überall Gottesdienst feiern. Führt eine ⬢ Pro- und Kontra-Debatte zu dem Thema durch.

6. Betrachte M5 und lies M6 dazu. Formuliere in eigenen Worten, wie das Kreuz (M5) den Glauben des Textautors zum Ausdruck bringt.

7. Glaube wird vielfach in Kunst ausgedrückt. In eurem Schulbuch findet ihr dafür verschiedene Beispiele. Erarbeitet aus den Bildern auf ➲ S. 11, M3, ➲ S. 40, ➲ S. 70, M2 und ➲ S. 73, M2, welche Aspekte eines christlichen Glaubens jeweils zum Ausdruck gebracht werden.

M3

Die Weidenkirche in Pappenheim

Unter dem Motto *Kirche: natürlich!* bauten und pflanzten über hundert
Jugendliche in den Osterferien 2007 ihre Naturkirche. Die Weidenkirche der
Evangelischen Jugend in Bayern (EJB) steht im mittelfränkischen Pappenheim. Sie wurde an Christi Himmelfahrt 2007 vom damaligen Landesbischof
5 eingeweiht. Seitdem finden hier regelmäßig Gottesdienste statt.

M4

Mit dem Bau dieser Naturkirche verwirklichte die EJB ihre Vision
– einer lebendigen und natürlichen Kirche,
– einer Kirche, die wächst, sich verändert und offen ist,
– einer Kirche, von Jugendlichen gebaut für andere Jugendliche und alle Er-
10   wachsenen, die ebenfalls auf der Suche sind nach ihren eigenen Formen,
den Glauben zu leben.   Daniela Schremser

M5

Lebensbaum. Kreuz in der Kirche Mariae Himmelfahrt,
Weilheim

M6

Es ist ein Bild voller Hoffnung:
Das Kreuz, der Baum des Todes,
blüht und treibt Blätter.
Schmerz und Leid werden fruchtbar
5 in einem neuen Leben.

Die Seite Jesu ist weit geöffnet.
Was Menschen vor dieses Kreuz bringen,
findet ein offenes Herz.
Jesus am Kreuz ist ganz den Menschen
10 zugewandt.
Er neigt seinen Kopf dem entgegen,
der zu ihm aufschaut.   Engelbert Birkle

8. Berichtet von weiteren Kreuzesdarstellungen, die ihr schon gesehen habt. Gestalte anschließend
dein eigenes Kreuz nach deinen Vorstellungen.

Der Heilige Geist feiert mit

1. „Irgendwie meine ich, da fehlt noch was", heißt es in (M1). Sammelt, was dem Pfarrer noch fehlen könnte. Überlegt, welche Elemente einen Gottesdienst ausmachen.

2. M1 bezieht sich auf den Weihnachtsgottesdienst. Sammelt weitere Anlässe, zu denen wir Gottesdienste feiern. Berichtet von Gottesdiensten, die für euch besonders waren.

3. M2 zeigt die vier Grundelemente des Gottesdienstes und was dazu gehört. Erarbeitet, wie die Puzzleteile zusammenpassen und legt in eurem Heft eine Tabelle als Sicherung an. Klärt gemeinsam, was sich hinter den Elementen verbirgt und schlagt den Begriff Kyrie, wenn nötig, nach. Wenn noch Zeit ist, könnt ihr zu den vier Spalten ein 🧩 Gruppenpuzzle mithilfe von EG 671 durchführen.

4. Vergleicht den klassischen Gottesdienstaufbau aus Aufgabe 3 mit anderen Gottesdiensten, die ihr schon erlebt habt, zum Beispiel den Schulgottesdiensten. Welche Elemente haben vielleicht gefehlt, was gab es zusätzlich? Diskutiert, in welche Spalten ihr zusätzliche Elemente einordnen würdet, und ergänzt euren Eintrag.

5. In EG 670 werden weitere Elemente des Gottesdienstes erläutert. Schlagt sie nach (🧩 Evangelisches Gesangbuch), ergänzt euren Hefteintrag aus Aufgabe 3 und tauscht euch darüber aus, welche der Elemente ihr schon erlebt habt.

6. Lies M3 und fasse den Text schriftlich zusammen.

Im Gottesdienst soll der Mensch Gott selbst begegnen. Der Himmel und die Erde kommen für einen Moment zusammen. Deshalb verstand der Theologe Friedrich D. E. Schleiermacher den Gottesdienst als eine heilsame Unterbrechung des Alltags. Dabei können je nach Anlass unterschiedliche Teile
5 eines Gottesdienstes stärker im Mittelpunkt stehen: Stille, Einkehr und Gebet, die Predigt, die Gemeinschaft und das Abendmahl oder die Musik.
   Der Theologe Ernst Lange hat die Gedanken Schleiermachers fortgeführt. Für ihn bleibt der Gottesdienst nicht folgenlos. Sondern die Begegnung mit Gott wirkt in den Alltag hinein und hat eine stabilisierende Funktion für das
10 Leben eines Christen.

Jeden Tag treffen sich alle Anwesenden zum Früh-, Mittags- und Abendgebet in Taizés atemberaubender Kirche. In dieser sitzen alle gemeinsam eng beieinander auf dem Boden und verschmelzen so zu einer einzigen Gemeinschaft aus erkenntnissuchenden Menschen. Deutlich wird diese Einheit vor
5 allem durch das Singen der verschiedensprachigen, aber leicht einprägsamen Lieder, sodass das Gotteshaus von wohlklingendem Gesang durchflutet wird. Im Kontrast dazu stehen die sieben Minuten Schweigen, während deren wir uns in unser Innerstes zurückziehen konnten.
10 Zunächst fiel es einigen schwer, die Gedanken des Alltags verschwinden zu lassen, doch mit jedem Gottesdienst befreiten wir
15 uns mehr und mehr von unseren Sorgen und gaben uns ganz der Stille hin.
Mona, 11. Klasse

Blick in den Altarraum der Kirche von Taizé

7. In vielen evangelischen Gottesdiensten nimmt die Predigt eine zentrale Rolle ein. Tausche dich mit deinem Nachbarn / deiner Nachbarin aus, über welche Themen ihr gern mal eine Predigt hören würdet, und diskutiert, wie eine Predigt sein muss, damit sie euch anspricht und ihr etwas mitnehmt.

8. Lest M4 und arbeitet heraus, was die Gottesdienste in Taizé für Mona so besonders macht.

9. In den Gottesdiensten in Taizé (M4, M5) gibt es keine Predigt, nur verschiedene Bibelstellen werden vorgelesen. Manche Besucher empfinden sie daher gar nicht als „echte" Gottesdienste. Überlege, was es für dich braucht, damit du von einem echten Gottesdienst sprichst. Nutze dazu auch die Ergebnisse des Gruppenpuzzles aus Aufgabe 3.

10. Betrachte M5. Mona (M4) spricht von einer atemberaubenden Kirche, andere vergleichen das Gebäude eher mit einer Turnhalle. Diskutiert, welchen Einfluss Ort und Stimmung auf einen Gottesdienst haben. Beziehe dabei auch die Kirchen auf ➜ S.16 – 19 in eure Überlegungen mit ein.

Reden mit Gott

Werner Rauhaus, David mit der Harfe,
Christuskirche Schwelm

I've gotta keep the calm before the
storm
I don't want less, I don't want more
Must bar the windows and the doors
To keep me safe, to keep me warm

Yeah, my life is what I'm fighting for
Can't bar the sea, can't reach the shore
And my voice becomes the
driving force
I won't let this put me overboard

Refrain
God, keep my head above water
Don't let me drown, it gets harder
I'll meet you there at the altar
As I fall down to my knees
Don't let me drown, drown, drown
Don't let me, don't let me,
don't let me drown

So pull me up from down below
Cause I'm underneath the undertow
Come dry me off and hold me close
I need you now, I need you most [...]

Avril Lavigne – Head Above Water

M3

Vater unser im Himmel,
geheiligt werde dein Name.
Dein Reich komme.
Dein Wille geschehe,
wie im Himmel, so auf Erden.

Unser tägliches Brot gib uns heute.
Und vergib uns unsere Schuld,
wie auch wir vergeben
unsern Schuldigern.

Und führe uns nicht in Versuchung,
sondern erlöse uns von dem Bösen.
Denn dein ist das Reich
und die Kraft und die Herrlichkeit
in Ewigkeit. Amen.

In Eile

Zwischen zwei Terminen
ein paar Worte mit dir.
Du verstehst hoffentlich,
dass ich etwas in Eile bin.

Bei dem Treffen eben
ging es zwar ziemlich heiß her.
Aber ich bin mit dem Ausgang
zufrieden.
Mehr war da wirklich nicht
rauszuholen.

Gleich beginnt mein nächstes
Gespräch.
Das wird schwierig werden.
Ich hoffe, ich kriege das hin.
Wenn das bloß schon vorbei wäre!

Es wird Zeit. Ich muss wieder los.
Du wolltest mir auch etwas sagen?
Tut mir leid. Das muss warten.
Du weißt, ich bin schrecklich in Eile.

Ich hör dir ein andermal zu.
Heute Abend?
Schade, aber heute Abend
geht's leider nicht,
da hab ich schon etwas
anderes vor.

Lass uns das auf später verschieben.
Da habe ich bestimmt mehr
Zeit für dich,
Gott.

Gisela Baltes

1. Beschreibt und deutet M1. Diskutiert, ob die Farbgebung für die Deutung eine Rolle spielt. Welche Gedanken gehen den beiden Personen wohl durch den Kopf?

2. Die Psalmen Davids, die er für König Saul (M1) sang, sind Lied und Gebet zugleich. Untersucht anhand der Überschriften der Psalmen in der Bibel, welche Themen David in ihnen behandelte. Übersetzt arbeitsteilig zu jedem Thema einen Psalm in moderne Sprache.

3. Teilt Strophen und Refrain von M2 untereinander auf und erstellt mithilfe eines Lexikons eine sinngemäße Übersetzung des gesamten Lieds ins Deutsche.

4. Diskutiert, ob M2 ein Gebet ist. Nutze die Argumente der Diskussion, um für dich eine Definition für den Begriff Gebet zu schreiben.

5. Recherchiert im Internet nach modernen Liedern, die als Gebet aufgefasst werden können. Erstellt eure eigene Playlist.

6. Tauscht euch darüber aus, wann und wo ihr M3 schon gebetet habt, lernt das Vaterunser auswendig und betet es gemeinsam, z. B. als Ritual am Stundenanfang. Warum ist dieses Gebet so wichtig?

7. Arbeitet aus den Themen der Psalmen (Aufgabe 2) und den Bitten des Vaterunsers (M3), heraus, welche grundlegenden Erfahrungen die Menschen in diesen Texten vor Gott bringen.

8. In Mt 6,9-13 lehrt Jesus selbst seine Jünger das Vaterunser. Formuliere schriftlich mit deinen Ergebnissen aus Aufgabe 7, warum für Jesus damit „alles Wesentliche" gesagt ist und wieso das Vaterunser das grundlegenden Gebet aller Christen ist.

9. Vergleiche das Vaterunser mit dem Glaubensbekenntnis. Erkläre den Unterschied zwischen einem Gebet und einem Bekenntnis.

10. Die Psalmen und das Vaterunser können helfen, wenn man selbst versucht, seine Bitten an Gott in Worte zu fassen. Nutze Psalmverse oder Teile des Vaterunsers als Gerüst für ein eigenes Gebet.

11. Im Gebet sprechen wir mit Gott. Dann ist M4 auch ein Gebet, oder? Diskutiert.

12. Gestaltet M4 als Dialog zwischen einem Menschen und Gott. Überlegt euch dafür Einwürfe, die Gott in den Text sprechen könnte.

1. Deutet das Bild und vergleicht es mit dem auf ➜ S. 9. Diskutiert, ob auch hier der Titel „Zuversicht" passend ist.

2. Gestaltet eine Sprechmotette zum dritten Glaubensartikel (➜ S. 14). Nutzt die Verse des Artikels als Grundgerüst und ergänzt es um euer Wissen zum Heiligen Geist, um Vorstellungen von diesem und um Gedanken aus euren eigenen Texten zum Glauben, wie z. B. aus ➜ S. 23, Aufgabe 9.

3. Glauben kann man auf verschiedene Arten Ausdruck verleihen, ob in Bekenntnis, in Baustilen, in Bildern, Gebeten und Liedern usw. Verleihe deinem eigenen Glauben Ausdruck und nutze dazu noch einmal deine Antwort aus ➜ S. 23, Aufgabe 9, sowie den Text des Glaubensbekenntnisses.

wiedergeben

Ich kenne den dritten Artikel des Apostolischen Glaubensbekenntnisses und das Vaterunser auswendig und kann über wesentliche Elemente des Gottesdienstes Auskunft geben.

deuten

Ich kann Symbole für den Heiligen Geist deuten und seine Bedeutung für die Beziehung zwischen Gott und den Menschen erklären. Ich interpretiere Beispiele der Kunst und Architektur hinsichtlich des Glaubens, der in ihnen zum Ausdruck kommt.

urteilen

Anhand einiger spezifischer Merkmale kann ich verschiedene Kirchenbaustile erkennen. Ich unterscheide zwischen bekennenden Texten und anderen Sprachformen.

kommunizieren

Ich kann mich zu Aussagen aus dem dritten Artikel des Apostolischen Glaubensbekenntnisses äußern und mich über Fragen des Glaubens austauschen. Ich berichte von verschiedenen Gottesdiensterfahrungen.

2 Kirche beginnt

1. Tauscht euch darüber aus, welchen Eindruck das Bild auf euch macht. Sammelt mögliche Themen für das Bild.
2. Ein roter Faden durchzieht das Bild. Diskutiert, wofür dieser Faden stehen kann und welche verbindenden Elemente es zwischen dir und Menschen gibt, die du nicht kennst.
3. Das Kapitel heißt „Kirche beginnt" – überlege dir, was deiner Meinung nach der rote Faden ist, der die Geschichte der Kirche durchzieht. Was bildet den roten Faden, der Christen auf der ganzen Welt miteinander verbindet?

Der Heilige Geist verbindet

M1 **Übung**

Schritt 1:
Drei Personen erhalten Papier, Schere und Kleber. Sie sollen nun innerhalb von einer Minute irgendetwas zusammen bauen. Dabei dürfen sie nicht sprechen.

Schritt 2:
Die gleichen Personen sollen nun aus dem Material gemeinsam einen Turm bauen. Die Zeit beträgt wieder eine Minute, auch jetzt darf nicht gesprochen werden.

Schritt 3:
Die gesamte Klasse wird in Dreiergruppen aufgeteilt. Jede Gruppe erhält drei A4-Blätter, Kleber und eine Schere. In zwei Minuten soll ein möglichst hoher Turm gebaut werden. Dabei darf nur in der Hälfte der Gruppen gesprochen werden, in den anderen Gruppen ist Reden verboten.

M2

1. Führt die Übung (M1) Schritt für Schritt durch. Die restliche Klasse beobachtet in Schritt 1 und 2 jeweils, wie die drei Personen miteinander agieren. Haltet Schwierigkeiten fest und tauscht euch darüber aus, inwiefern die konkretere Aufgabe zu Unterschieden in der Vorgehensweise geführt hat. Berichtet nach Schritt 3 von euren Erfahrungen. Untersucht, welche Rolle Kommunikation und Achtsamkeit gespielt haben.

2. Lest 1. Mose 11,1–9. Vergleicht die Geschichte vom Turmbau zu Babel mit euren eigenen Turmbauerfahrungen aus Aufgabe 1. Erklärt, welche Rolle die Sprache spielt.

3. Deutet M2 und setzt das Bild in Bezug zu euren Turmbauerfahrungen aus Aufgabe 1 und der Geschichte vom Turmbau zu Babel.

4. Erinnere dich an Joel 3,1–5 in ➲ Kapitel 1. Überlege dir, welche Wünsche und Sehnsüchte sich in der Ankündigung des Propheten Joel und hinter dem Handeln der Menschen in 1. Mose 11,1–9 verbergen.

5. In ➲ Kapitel 1 hast du die Pfingstgeschichte bereits mündlich wiederholt. Lies sie noch einmal unter Apg 2,1–13 nach und arbeite in Form einer 🧩 Wortcollage heraus, was dir an dem Text wichtig ist.

6. M3 ist der Text, der unter dem Einstiegsbild ➲ S. 25 steht und erzählt, dass Gott es nicht bei der Sprachverwirrung belässt. Lest den Text und erklärt mit seiner Hilfe das Bild. Tauscht euch darüber aus, ob ihr diese Darstellung der Pfingstgeschichte als gelungen empfindet.

7. In M3 heißt es, dass Gott und sein Sohn zusammensitzen und traurig sind, dass die Menschen sich immer noch nicht verstehen. Wiederholt Geschichten aus der Bibel, in denen die Menschen Gott oder seinen Sohn nicht verstanden haben.

Also, lieber Xandi, Pfingsten ist das Fest der Ausschüttung des heiligen Geistes. Das kann ich Dir nur so erklären: Also: KATZEN verstehen einander ja, selbst wenn sie schlafen, und sicherlich auch, wenn sie getrennt schlafen – und alles ohne Wörter. Die Menschen dagegen haben zwar ganz viele Wörter
5 und können auch laut schreien, einer lauter als der andere, weswegen es auch so laut ist überall in der Gegend, aber das heisst nicht, dass sie sich nun auch verstehen, verstehste?! Sie reden + reden + reden und jeder versteht nur Bahnhof. So war das auch mit den Fans von Jesus, und das machte ihn da oben zur Rechten Gottes traurig. Nun stand links von Gott die Kanne mit
10 dem heiligen Geist, das ist sozusagen ein Schnaps für Nichttrinker, und diese Kanne haben die beiden, Papa + Sohn, in eine unsichtbare Leitung gegossen, die durch alle Köpfe aller Menschen führt. Und dadurch verstand plötzlich jeder Mensch jeden Menschen – aber nur für einen einzigen Tag – denn soviel war in der Kanne nicht drin, dass man in Ewigkeit den heiligen Geist
15 durch all die Dummköpfe fliessen lassen kann. Die Menschen sollten nur EINMAL fühlen, wie's ist, wenn man sich versteht. Klar?

Horst Janssen (Maler): Ausschüttung des Heiligen Geistes

8. Setze den letzten Satz von M3 zu M4 in Verbindung. Wie fühlt sich Verstehen an?

9. Der Autor von M3 behauptet, die Menschen hätten sich nur EINMAL verstanden. Und was ist mit uns heute? Diskutiert, was der Heilige Geist für die Menschen in unserer Zeit bewirkt. Nutzt euer Wissen aus ➲ Kapitel 1.

10. In ➲ Aufgabe 4 habt ihr Sehnsüchte der Menschen gesammelt. Überlege dir, welche dieser Sehnsüchte an Pfingsten erfüllt werden.

11. An Pfingsten lerne ich auch mich selbst noch einmal verstehen. Stell dir vor, du sitzt dir selbst wie in M4 gegenüber. Welche Fragen und Themen würdest du mit dir diskutieren wollen? Schreibe einen inneren Monolog.

Geburtsstunde der Kirche

M1 Manche Theologen haben gesagt, die „Apostelgeschichte" hieße besser „Taten des Heiligen Geistes". Das Buch erzählt vom Kommen des versprochenen Heiligen Geistes und vom Bekenntnis der Christen zu ihrem Herrn in verschiedenen Teilen des Römischen Reiches. […] Die Apostelgeschichte betont mit Nachdruck, dass der Heilige Geist die Jünger für ihr Zeugnis in der Welt befähigt habe. Eine kleine Schar entmutigter und desillusionierter Frauen und Männer wurde plötzlich zu einer Gemeinschaft überzeugter Missionare.

Woodrow Ward Gasque

M2 Ins Wasser fällt ein Stein

Ins Wasser fällt ein Stein,
ganz heimlich, still und leise.
Und ist er noch so klein,
er zieht doch weite Kreise.
Wo Gottes große Liebe
in einen Menschen fällt,
da wirkt sie fort, in Tat und Wort,
hinaus in unsre Welt.

Ein Funke, kaum zu sehn,
entfacht doch helle Flammen.
Und die im Dunkeln stehn,
die ruft der Schein zusammen.
Wo Gottes große Liebe
in einem Menschen brennt,
da wird die Welt vom Licht erhellt,
da bleibt nichts, was uns trennt.

Manfred Siebald, EG 645

1. Lest M1 und erklärt, inwiefern Pfingsten die Geburtsstunde der Kirche ist.
2. M1 spricht von den „Taten des Heiligen Geistes". Erkläre mit deinem Wissen aus ➲ Kapitel 1, was im Kontext von Pfingsten damit gemeint sein kann.
3. Lies die Strophen des Liedes (M2) und stelle jede Strophe in einem Bild dar. Betrachtet eure Bilder und diskutiert, inwiefern diese für die Begeisterung der ersten Gemeinden (M1) stehen können. Gestalte selbst ein Bild zum Thema "vor Begeisterung übersprudeln".
4. M3 gibt die vier grundlegenden Elemente der ersten Christengemeinden an. Schreibt jeden der Begriffe auf ein großes Plakat und sammelt jeweils Assoziationen dazu in Form eines Schreibgesprächs.
5. Setzt die vier Grundpfeiler (Aufgabe 5) der frühen Kirche zu den vier Grundelementen des Gottesdienstes ➲ S. 20, Aufgabe 3, in Beziehung. Erläutert sie damit und mit den Ergebnissen aus Aufgabe 5.
6. M2 hat noch eine dritte Strophe. Schlagt diese im Evangelischen Gesangbuch nach und arbeitet heraus, wie sich M3 darin widerspiegelt. Singt das Lied gemeinsam.
7. Die Gemeinschaft ist ein wesentliches Element der ersten christlichen Gemeinden (M3). Geht in Gruppen zusammen und stellt pantomimisch oder als Standbild dar, was für euch der Begriff Gemeinschaft bedeutet.
8. Gemeinschaft bedeutet für die ersten Christen mehr als nur Zusammensein. Lest Apg 2,42–47 und Apg 4,32–35 und beschreibt, was das Besondere an der Gemeinschaft der ersten Christen ist.

Sie blieben aber beständig in der Lehre der Apostel und in der Gemeinschaft und im Brotbrechen und im Gebet.

M3

Apg 2,42

Geld

M4

Ein Jude kommt zum Rabbi: „Es ist entsetzlich. Gehst du zu einem Armen: Er ist freundlich und hilft dir, wenn er kann. Gehst du zu einem Reichen, sieht er dich nicht einmal an. Was ist das nur mit dem
5 Geld?"
    Da antwortet der Rabbi: „Tritt ans Fenster. Was siehst du?" – „Ich sehe eine Frau mit einem Kind. Ich sehe einen Wagen … " – „Gut", sagt der Rabbi, „und jetzt stell dich vor den
10 Spiegel! Was siehst du nun?" – „Was ich sehe? Nebbich – mich selber."
    „Ja, so ist das. Das Fenster ist aus Glas gemacht, und der Spiegel ist auch aus Glas gemacht. Kaum legst
15 du ein bisschen Silber hinter die Oberfläche, schon siehst du nur noch dich selber."

Jüdische Anekdote

M5

Christliche Hauskirche in
Duro Europus, um 233

9. M4 gibt einen möglichen Grund für die Gütergemeinschaft der ersten Christen. Beantworte selbst die Frage des Juden in der Geschichte, nachdem du den Text gelesen hast.

10. Pfingsten als Geburtsstunde der Kirche und Weichenstellung im Leben der Jünger Jesu: Tragt zusammen, wie sich das Leben und die innere Einstellung der ersten Christen durch die Ereignisse an Pfingsten verändert hat.

11. M5 zeigt eine typische Hauskirche der ersten Christen. Recherchiert, wie und von wem sie genutzt wurde. Vergleicht eure Rechercheergebnisse mit eurem Wissen über den Kirchenbau und den Gottesdienstablauf aus ➔ Kapitel 1.

Berufen

Die Bekehrung des Paulus und weitere Szenen aus seinem Leben (843)

1. Lest die Geschichte in Apg 9,1–30 nach und prüft anschließend, wie sie in M1 umgesetzt wurde.

2. Stellt die einzelnen Szenen aus M1 als Standbilder nach. Überlegt für jedes Standbild, was die Personen in der Situation sagen oder denken könnten.

3. Teilt nachfolgende Bibelstellen untereinander auf und erstellt mit ihrer Hilfe einen Steckbrief für Paulus: Phil 3,5–6; Apg 16,9–10; Apg 17,2–4; Apg 18,1–4; Apg 28,20–31. Vergesst in eurem Steckbrief die Berufung aus Apg 9,1–30 nicht. Haltet dort, wo euch die Bibelstellen Informationen geben, fest, welche Themen Paulus an dieser Station in seinem Leben bewegten.

4. Stellt euch vor, ihr gehört zu den ersten Christen, die bisher von Paulus verfolgt wurden, und trefft nun auf ihn, nach seiner Berufung. Wie reagiert ihr? Glaubt ihr ihm seine Umkehr? Spielt das Zusammentreffen nach. Geht in eurem Rollenspiel auf die Veränderungen ein, die sich nun für das Leben der Beteiligten ergeben.

5. Manche sprechen bei M1 auch von der Bekehrung des Paulus statt von der Berufung. Überlege für dich, worin der Unterschied zwischen den beiden Begriffen liegt. Tausche dich mit deinem Nachbarn aus. Tragt die Ergebnisse ins Plenum (6 Think – Pair – Share).

6. Paulus kehrt um. Erkläre, inwiefern er damit die Gedanken aus Petrus' Pfingstpredigt (Apg 2,14-41) aufnimmt.

7. Lies M2. Gestalte eine Stellenausschreibung für einen sinnvollen Beruf, wie ihn sich die Patin in der Geschichte wünscht. Was muss ein Beruf bieten, damit das Gehalt nicht nur „Schmerzensgeld für die Langeweile" ist?

Nach einer Taufe sitze ich mit einer der Patinnen des Kindes etwas abseits des Trubels. Eine erfolgreiche Geschäftsfrau, finanziell bestens situiert. Da passt alles, hatte ich den Eindruck: Aussehen, Geld, Job.

Wir sprechen über dies und das. Irgendwann landen wir bei unseren Berufen.
5 Sie fragt mir Löcher in den Bauch. Ob meine Arbeit vielseitig ist. Ob ich mich darin verwirklichen kann. Ob ich das Gefühl habe, Sinnvolles zu tun. Trotz kleiner Einschränkungen sage ich immer „ja". Dann lässt sie die Katze aus dem Sack: „Wenn ich ehrlich sein soll – mein Verdienst ist im Grunde nur ein Schmerzensgeld für die Langeweile, die ich ertragen muss."

10 Am Anfang fand sie es noch spannend, tolle Verträge abzuschließen und eine hohe Provision zu kassieren. Aber auf Dauer war da immer die Sinnfrage.

15 Ordentlich bezahlt zu werden, ist wichtig. Sehr wichtig sogar. Denn schließlich arbeiten die allermeisten für den Broterwerb. Fast niemand kann auf Dauer auf einen 20 Verdienst verzichten. Aber am Ende des Tages muss mehr als die Kasse stimmen. Geld allein macht noch nicht glücklich. […]

Andrea Wagner-Pinggéra,
Pfarrerin

M.C. Escher: Convex and Concave (1955)

8. In M2 spricht die Patin von der *Sinnfrage*. Diskutiert, was damit gemeint ist und was eine Frage zur Sinnfrage werden lässt. Sammelt weitere Sinnfragen und tauscht euch darüber aus, welche davon auch euch immer wieder beschäftigen.

9. Auch die Übernahme eines Amtes in der Klassengemeinschaft kann z. B. eine Art Berufung sein. Überlege, wo du das Gefühl hast, dass dich Aufgaben und Herausforderungen besonders ansprechen. Wozu fühlst du dich berufen?

10. Paulus wird eine neue Perspektive eröffnet (M1). Auch in M3 wird mit Perspektiven gespielt. Betrachtet das Bild aus allen möglichen Blickwinkeln und beschreibt euch gegenseitig, was es dabei immer wieder Neues zu entdecken gibt.

11. Schreibe ein Plädoyer für Perspektivwechsel und nimm dabei Bezug auf M3 und auf das Leben von Paulus. Welche Möglichkeiten können sich durch einen Perspektivwechsel ergeben? Welche Auswirkungen kann er auf mich und andere haben?

12. Schreibe aus der Sicht von Pfarrerin Andrea Wagner-Pinggéra (M2) eine Antwort auf die Frage des Juden in S. 29, M4, was das nur mit dem Geld sei.

Paulus der Missionar

M1 Paulus wollte vor Einbruch der Parusie mit der Mission fertig sein. Und die Parusie stand nach seiner Überzeugung unmittelbar bevor. Fertig, das hieß: Von Jerusalem im Kreis bis Illyrikon und von da weiter über Rom bis nach Spanien. Das Ziel Spanien bedingt, dass der Missionar Paulus ganz anders vorgeht, als wir das von unseren deutschen Missionsgesellschaften aus dem 5 19. und 20. Jahrhundert gewohnt sind. Ich erläutere das kurz an der Neuendettelsauer Neuguinea-Mission. Diese Mission ist gekennzeichnet durch feste Stationen, die über Jahre und Jahrzehnte hinweg bestehen. Die kontinuierliche Betreuung der neu gegründeten Gemeinden durch einen Missionar ist in den Anfangsjahren grundlegend und offensichtlich unverzichtbar. So viel Zeit 10 hatte Paulus nicht! Die Parusie stand – wie er glaubte – unmittelbar bevor. Nächste Woche schon konnte es soweit sein. Bis dahin, also notfalls bis nächste Woche, musste Spanien erreicht sein. Daher konzentriert sich Paulus auf die Missionierung der Metropolen. Man muss sich an modernen Beispielen klarmachen, was das bedeutet. Wer einen solchen Plan verfolgt, kann nicht in 15 Erlangen missionieren oder in Nürnberg oder in Fürth. Auch München ist ihm zu klein und unbedeutend, das besucht er allenfalls, wenn es am Weg liegt. Über Frankfurt könnte man gegebenenfalls nachdenken. Aber eigentlich geht es um Berlin, um Paris und um London – für kleinere Orte bleibt schlicht keine Zeit.

Peter Pilhofer 20

M2 Ohne Paulus wäre das Christentum vermutlich als eine der vielen religiösen Gruppierungen der damaligen Zeit schnell wieder in Vergessenheit geraten. Doch es war nicht nur sein unbedingter Wille zur Verbreitung des Evangeliums, sondern ebenso sein strategisches Vorgehen, das der Botschaft Jesu Christi zum Erfolg verhalf: Für seine Reisen nutzte er das römische Straßennetz. Vor 5 Ort ging er als Jude zuerst in die Synagogen. Dort wie auch durch die Arbeit für seinen Lebensunterhalt knüpfte er die ersten Kontakte. Er scheute sich aber auch nicht, vor den Massen der antiken Großstädte zu sprechen. Mit seinen Gemeindegründungen wächst ein Mitarbeiterkreis, der ihm entweder als Reisebegleitung oder als Kontakt vor Ort oder bei der Übersendung seiner 10 Briefe half. Insgesamt gleicht die Mission des Paulus fast schon moderner Unternehmensstrategie.

1. Überlege dir, was es heute bedeutet, wenn jemand sagt, er befinde sich auf einer Mission. Was macht eine Mission aus? Auf welche Mission hast du dich schon begeben?

2. Lest M1 und vollzieht mit Hilfe von passenden Landkarten in eurem Atlas nach, welche Entfernung Paulus zurücklegen musste, um von Jerusalem über Rom nach Spanien zu kommen.

Die Kuretenstraße in Ephesus

3. Führt ein 🧩 Gruppenpuzzle zu den drei Missionsreisen von Paulus und seiner Reise nach Rom durch. Nutzt dazu die Apostelgeschichte (Apg 13–21, 27f.), die Landkarten in der Bibel sowie euren Atlas, um euch einen Überblick über die Routen zu verschaffen. Haltet die zentralen Ereignisse einer jeden Missionsreise und seiner Reise nach Rom fest. Teilt dazu die Bibelstellen untereinander auf.

4. Informiere dich im Internet über die Neuendettelsauer Neuguinea-Mission (M1) und bereite ein 🧩 Referat mit 🧩 digitaler Präsentation über die Arbeit der Missionare dort vor. Die Klasse gibt dir 🧩 Feedback zu deinem Referat.

5. In M1 und euren Ergebnissen aus Aufgabe 3 stecken bereits einige Gründe, warum sich das Christentum so schnell so gut verbreitet hat. Beginnt eine Liste unter der Überschrift *Gründe für die rasche Ausbreitung des Christentums*. Ergänzt sie mithilfe von M2. Lasst Platz für weitere Ergänzungen.

6. Lest Apg 17,16–34 und findet Elemente aus M2 darin wieder. Ergänzt ggf. euren Hefteintrag aus Aufgabe 5.

7. Für kleinere Orte hat Paulus keine Zeit (M1). Das ist doch unfair! Diskutiert Paulus' Bevorzugung der Metropolen und überlegt, wie die Situation heute ist: Sind Großstädte gegenüber ländlichen Regionen im Vorteil?

8. Erinnere dich, aus welchen gesellschaftlichen Schichten die Menschen stammten, die sich für die Botschaft Jesu vom Reich Gottes begeisterten (➲ Jahrgangsstufe 6). Überlege, welche weiteren Gründe für die Attraktivität des Christentums hier stecken, und ergänze deinen Hefteintrag aus Aufgabe 5. Eine Hilfestellung findest du in Gal 3,28.

9. Formuliere Gal 3,28 so um, dass die Menschen der heutigen Zeit darin auftauchen.

10. Um alle Sehenswürdigkeiten entlang der Kuretenstraße (M3) ausgiebig erkunden zu können, braucht man heutzutage fast einen Tag. Recherchiert, was es alles entlang der Straße zu entdecken gibt und wofür Ephesus heute sonst noch berühmt ist.

11. Ermittelt mit Hilfe von M3, wie breit die Kuretenstraße ist. Schätzt ab, wie viele Menschen darauf Platz hätten, wenn sie insgesamt eine Länge von ca. 300 m hat. Vergleicht eure Berechnungen mit der Größe moderner Hauptstraßen in Metropolen.

Probleme in den ersten Gemeinden

M1 Der 1. Korintherbrief des Paulus verdeutlicht, dass die Kirche auch innere Probleme hatte. Es gab eine Tendenz, sich in Gruppen zu spalten, die sich um einzelne Persönlichkeiten scharten. Vielleicht unterschieden sie sich auch in der Lehre. Ein prominentes Gemeindemitglied führte einen unmoralischen Lebenswandel, einzelne Christen zogen einander wegen kleiner Streitigkeiten vor Gericht, es gab Missverständnisse über die Bedeutung der christlichen Freiheit, Unordnung in den Gottesdiensten und sogar falsche Lehren über die Auferstehung.

Woodrow Ward Gasque

M2

1. In Gruppen entstehen immer wieder Probleme und Konflikte. Überlegt, welche Probleme die ersten Christen beschäftigt haben könnten, und tragt diese zusammen. Vergleicht anschließend eure Ideen mit den in M1 genannten Konflikten.

2. Und wenn Paulus nicht eingegriffen hätte? Diskutiert, welche Folgen sich dann aus den verschiedenen Problemen aus M1 für die junge Kirche ergeben hätten.

3. Tragt zusammen, was jemand braucht, um einen Streit wie in M2 schlichten zu können. Erinnert euch auch daran, was ihr letztes Jahr zum Thema Konflikte gelernt habt.

4. An vielen Schulen gibt es Streitschlichter oder Mediatoren, die bei einem Konflikt wie in M2 eingreifen. Informiert euch in M3, wie die Arbeit der Mediatoren funktioniert. Wenn es an eurer Schule Streitschlichter oder Mediatoren gibt, ladet diese ein und interviewt sie zu ihrer Tätigkeit.

5. Paulus ist oft weit weg von den Gemeinden und schreibt daher Briefe. Überlegt, inwiefern seine Arbeit als Streitschlichter dadurch erschwert wird. Tragt Ideen zusammen, wie ein Brief gestaltet sein muss, damit er einen Streit schlichten kann. Lest anschließend in 1. Kor 1,10-17 und 1. Kor 3,5-17 wie Paulus' Schlichtungsbemühungen aussahen. Vergleicht die Briefauszüge mit euren Ideen.

6. Paulus lehrt in seinen Briefen auch. Eine zentrale Lehre spiegelt M4 wieder. Formuliere sie in eigenen Worten.

7. Die Lehre aus M4 ist lange ein großes Streitthema in den ersten christlichen Gemeinden: Können Nicht-Juden Christen werden oder müssen sie sich erst zum jüdischen Glauben bekehren und damit auch alle jüdischen Gebote einhalten? Teilt euch in zwei Gruppen auf und führt über diese Streitfrage eine Pro- und Kontra-Debatte. Sammelt vor eurer Debatte jeweils Argumente für eure Seite. Apg 15,1-6 hilft euch dabei.

Die Streitenden führen ein Konfliktlösungs-Gespräch mit Hilfe von neutralen Mediatoren. Streiter und Mediatoren nehmen sich Zeit, um zu verstehen, wie der Konflikt entstanden ist, um Gefühle und Wünsche zu bearbeiten. Sie streben nach Ausgewogenheit und Zielklarheit und suchen nicht nach Schuld
5 und Unschuld. Die Interessen und Bedürfnisse der Parteien stehen im Mittelpunkt. Sie sollen am Ende wissen, wohin sie wollen und warum sie das wollen. Dabei geben die Streitenden die Entscheidungsbefugnis nicht an Dritte ab und entwickeln eigenständige Lösungen. Die Mediatoren fördern die Verhandlung durch ihre Neutralität, stärken die Autonomie und die
10 Selbstbestimmung der Parteien und halten eigene Meinungen, Wertungen und Widersprüche zurück. Sie haben keine Entscheidungsbefugnis.

Beate Herzog

[Paulus] wird einige Jahre in der Gemeinde in Antiochien verbringen und aus der Erfahrung dieser neuen Praxis eine dazu passende Lehre entwickeln. Der Kernpunkt dieser Lehre lautet: Mit dem Kommen des Messias ist die Grenze zwischen Juden und Nichtjuden aufgehoben. Wer in die Nachfolge
5 Jesu eintritt, gehört zum Volk Gottes, auch ohne Beschneidung. Damit wird der Weg frei für die Missionierung der Völkerwelt, wie sie in der weiteren Apostelgeschichte beschrieben wird.
    Paulus wird damit zum eigentlichen Begründer der christlichen Kirche, die sich nun nach und nach in die griechisch-hellenistische Welt des römischen
10 Imperiums inkulturiert[1] und von ihren jüdischen Wurzeln entfernt.

Renate Wind

[1] inkulturiert: Verhaltensmuster und Ansichten einer Kultur werden in eine andere eingebracht.

Seelsorge ist Ausdruck des Glaubens an die Zuwendung des liebenden und solidarischen Gottes: „Ich stärke dich. Ich helfe dir auch. Ich halte dich fest bei deiner Rechten" (Jes 41,10.13).

Landesbischof Dr. Heinrich Bedford-Strohm

8. Lest Apg 15,7–35 und erarbeitet aus dem Text, wie in der frühen christlichen Kirche Streit geschlichtet wurde. Überlegt, was davon auch für die Arbeit heutiger Streitschlichter hilfreich ist.

9. Ergänzt den in M4 genannten Grund für die rasche Ausbreitung des Christentums bei eurem Hefteintrag aus ➜ S. 32, Aufgabe 5. Begründet in eurem Hefteintrag, weshalb man Paulus auch als Weichensteller in der Geschichte des Christentums bezeichnet.

10. Paulus ist nicht nur Streitschlichter, sondern auch Seelsorger. Erkläre, wie das Verständnis der Seelsorge in M5 zur Grundlage der christlichen Kirche (➜ S. 29, M3) passt.

11. Benennt Gründe, warum die Seelsorge durch Paulus für die ersten Gemeinden ganz wichtig gewesen ist.

Fremd werden

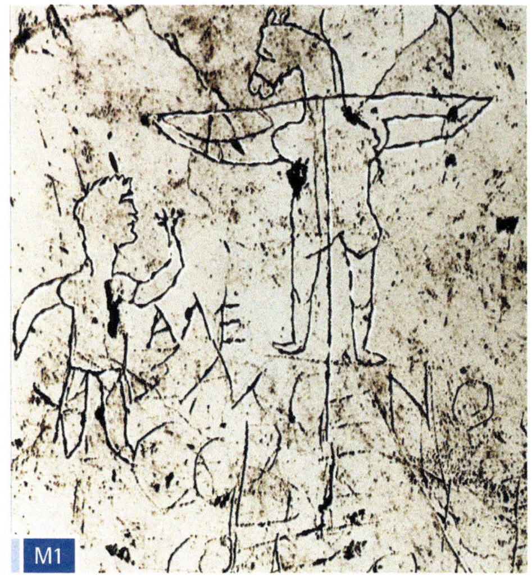
Spottkruzifix (3. Jh.)

M1

M2

M3

So wurden […] der Krone der heiligen Märtyrer zwei gewürdigt, Alpheus und Zachäus. Sie hatten bereits Geißelstriche, Krallen, drückende Fesseln und die damit verbundenen Schmerzen sowie verschiedene andere Foltern ertragen; dann wurden ihnen die Füße einen Tag und eine Nacht über vier Löcher des Strafholzes ausgespannt und schließlich wurden sie, als ob sie mit ihrem Bekenntnis des einen Gottes und des einen Königs Christus Jesus eine Lästerung ausgesprochen hätten, […] enthauptet. Bischof Eusebius von Cäsarea

1. Die Inschrift in M1 lautet: Alexamenos sebete theon. Übersetzt heißt das: Alexamenos betet seinen Gott an. Deutet mit der Übersetzung das Bild.

2. In M1 wird der Glaube an den gekreuzigten Jesus verspottet. Schon früher reagiert Paulus in 1. Kor 1,17–25 auf solchen Spott. Erklärt die Bibelstelle und nutzt dazu euer Wissen vom Reich Gottes aus dem letzten Jahr.

3. In der sechsten Jahrgangsstufe habt ihr im Geschichtsunterricht das Thema Christenverfolgung behandelt. Erläutert mit diesem Vorwissen die Vorwürfe, die sich in M2 widerspiegeln. Beschreibt, worin die Verfolgung der Christen bestand.

4. Nutzt eure Ergebnisse aus Aufgabe 3 und diskutiert mögliche Motive, die sich in den gesammelten Vorwürfen verbergen. Formuliert gemeinsam eine Erklärung, warum die Christen verfolgt wurden.

5. Recherchiere, in welchen Ländern heute noch Christen verfolgt werden. Sammle Gründe für die Verfolgungen. Bereite ein 🧩 Referat mit 🧩 digitaler Präsentation zum Thema vor. Die Klasse gibt dir nach dem Referat 🧩 Feedback.

6. Tauscht euch darüber aus, wie ihr euch anstelle der Christen verhalten hättet, wenn ihr jeden Tag Spott (M1) und Verfolgung (M2) ertragen müsstet.

Denkt man heutzutage an christliche Symbole, so fällt vielen als erstes das Kreuz ein. Dabei wurde dieses von den ersten Christen kaum verwendet. Erst im 3. Jahrhundert,

5 nach dem Ende der Christenverfolgung, wurde das Kreuz zum offiziellen Symbol der christlichen Kirche. Vorher waren der Fisch und das <u>Christusmonogramm</u> deutlich weiter verbreitet.

10 Der Fisch erinnert dabei unter anderem an die Speisung der 5000 in Joh 6,1–15 oder daran, wie Jesus zu Beginn seines Auftretens die ersten

Jünger als Menschenfischer bezeichnet (Mk 1,17). Gleichzeitig versteckt sich hinter dem griechischen Wort IXΘΥΣ (gesprochen: *ICHTHYS*) ein Akronym.

15 Jeder der fünf griechischen Buchstaben ist Anfangsbuchstabe eines weiteren Wortes:

IHΣOYΣ	– *Iēsoûs*	„Jesus"
XPIΣTOΣ	– *Christós*	„der Gesalbte"
ΘEOY	– *Theoû*	„Gottes"
YIOΣ	– *Hyiós*	„Sohn"
ΣΩTHP	– *Sōtér*	„Retter"/„Erlöser"

In eine Hauswand geritzt, war der Fisch damit Erkennungszeichen und Bekenntnis zugleich für die im Verborgenen lebenden Christen.

---

7. Lies M3 zunächst vollständig und erkläre die Bedeutung des ersten Satzes nach der Lektüre. Schlage den Begriff Märtyrer im Lexikon nach und erläutere, warum die Christen sich nicht wehren.

8. Diskutiert, warum auch heute noch an die Verfolgung der ersten Christen erinnert wird und welche Lehren wir für unsere heutige Zeit aus dem Verhalten der frühen Gemeinden ziehen können.

9. Tauscht euch darüber aus, ob ihr das Motiv aus M4 selbst schon einmal gesehen habt und welche Gründe euch dafür einfallen, dass sich Autobesitzer einen Fisch auf ihr Auto kleben.

10. Überlegt, warum ausgerechnet der Fisch für die ersten Christen ein beliebtes Erkennungszeichen war. Wiederholt dafür auch passende Bibelgeschichten aus den letzten Jahren.

11. Lest M5 und diskutiert, aus welchen Gründen die ersten Christen das Kreuz kaum verwendet haben.

12. Erläutere, wie sich in den Begriffen Jesus, der Gesalbte, Gottes Sohn und Retter/Erlöser (M5) der zweite Artikel des späteren Apostolischen Glaubensbekenntnisses widerspiegelt.

13. Der Fisch ist Erkennungszeichen und Bekenntnis zugleich (M5). Überlege dir, ob das Bekenntnis für dich vollständig ist. Gestalte selbst ein Akronym, das zugleich christliches Bekenntnis ist. Wähle dafür zuerst die Begriffe aus, die für dich zentral sind, und versuche anschließend, aus deren Anfangsbuchstaben ein Wort zu bilden. Vergleicht eure Akronyme in der Klasse.

14. Formuliere mit deinem bisherigen Wissen aus diesem Kapitel, was es bedeutet, der urchristlichen Gemeinde anzugehören. Benenne dabei sowohl die positiven als auch die negativen Seiten.

Konstantinische Wende

M1 *Vor dem Kampf gegen die übermächtigen Truppen seines Rivalen, des Unterkaisers Maxentius, im Jahr 312 liegt Konstantin mit seinen Truppen bei der Milvischen Brücke vor den Toren Roms.*

Da wandte Konstantin sich im Gebet an den einen Gott seines Vaters [Konstantius], flehte ihn an und beschwor ihn, doch zu offenbaren, wer er sei, und seine rechte Hand auszustrecken, um ihm in seiner so großen Not zu helfen. Und während er so flehentlich betete, erschien dem Kaiser ein wunderbares Zeichen von Gott. Würde jemand anderes darüber berichten, hätte er kaum eine Chance, dass diese Geschichte geglaubt wird. Aber der siegreiche Kaiser hat es mir selbst, als Verfasser dieser Lebensbeschreibung, mitgeteilt, nachdem er mir die persönliche Bekanntschaft und Umgang mit ihm erlaubt hatte. Überdies hat Konstantin seine Darstellung mit einem Eid bekräftigt. Wer könnte dann noch zweifeln, zumal was später geschah, die Wahrheit seiner Erzählung bestätigt hat!

Er erzählte, dass er um die Mittagszeit, als die Sonne gerade über ihren Höhepunkt hinweg war, mit eigenen Augen am Himmel oberhalb der Sonne das Siegeszeichen *(tropheion)* gesehen habe. Es war ein aus Licht gebildetes Kreuz, darauf die Inschrift „In diesem Zeichen siege!" Durch diese Vision waren er und das ganze Heer, das ihm auf der Expedition folgte und Zeuge dieses Wunders war, sehr erschrocken.

Weiter berichtete Konstantin, dass er darüber grübelte, was die Bedeutung dieses Zeichens sein könnte. Und während er so grübelte und darüber nachdachte, war es Nacht geworden. Im Schlaf sei ihm dann Christus erschienen mit dem Zeichen, das er am Himmel gesehen hatte. Er hat ihm befohlen, ein Abbild von dem Zeichen zu machen und es als Schutz zu gebrauchen, wann immer er mit Feinden zusammentreffen würde.

Bischof Eusebius von Caesarea

M2 Münze Konstantins (Prägung 337)

1. Lest M1. Stellt euch vor, ihr seid Soldaten des Heers und erlebt Konstantins Vision mit. Gestaltet ein ⊞ Hörspiel zu der Szene aus der Sicht der Soldaten.

2. In manchen Quellen hat Konstantin die Vision des Zeichens nur im Traum und nicht vor dem versammelten Heer. Überlegt, welchen Unterschied es für den Bischof Eusebius (M1) machen würde, hätte Konstantin ihm nur von einem Traum berichtet. Begründet, warum die Version aus M1 insgesamt deutlich bekannter ist.

3. Das Zeichen seines Sieges hat Konstantin anschließend auch auf seine Münzen prägen lassen. Untersucht, wo es in M2 zu finden ist, und erklärt seine Bedeutung.

4. Arbeite aus M3 heraus, worin die Konstantinische Wende für den Kaiser selbst und für das Römische Reich und dessen Bürger bestand.

5. Nimm dein Ergebnis aus ➲ S. 37, Aufgabe 14, und überlege dir, was sich mit der Konstantinischen Wende nun für die Mitglieder der urchristlichen Gemeinden ändert. Ergänze deinen Überblick um diese Veränderungen und mach deutlich, dass an dieser Stelle für die christliche Kirche erneut die Weichen gestellt werden.

Mit dem Sieg an der Milvischen Brücke gelang es Konstantin, einen seiner Mitregenten auszuschalten. Als alleiniger Herrscher im Westen des Römischen Reiches verbündete er sich mit Licinius, einem der Regenten im Osten des Imperiums. Zur Bekräftigung ihrer Allianz trafen sie sich im Februar 313 in
5 Mailand, um verschiedene politische Fragen zu besprechen. Darunter auch die Toleranz gegenüber der Kirche. Ein Schriftstück darüber ist nicht erhalten. Aber durch indirekte Überlieferungen ist über die Mailänder Vereinbarung bekannt, dass den Christen und allen anderen Untertanen die freie und ungehinderte Ausübung ihrer Religion gewährt wurde.
10 Die christliche Gemeinschaft galt im Römischen Reich nun als rechtsfähige Körperschaft. Zuvor weggenommene Gebäude und Vermögen mussten den Gemeinden und einzelnen Personen zurückgegeben werden. Die Religionspolitik Konstantins brachte etwas Ruhe in das Glaubensleben im Imperium. Doch nur wenige Jahrzehnte später, im Jahr 391, wandelte sich die Toleranz-
15 politik Konstantins erneut in Zwang: Unter Kaiser Theodosius I. wurde das Christentum zur Staatsreligion erhoben und damit zum einzigen erlaubten Glauben.

M4

6. Kritiker sagen, Konstantin habe seine Vision nur erfunden, um politische Ziele zu erreichen. Diskutiert diesen Vorwurf: Welchen Nutzen konnte Konstantin aus der Vision ziehen? Erinnert euch auch an eure Ergebnisse aus Aufgabe 2.

7. Ab 391 n. Chr. müssen alle Menschen im Römischen Reich Christen sein (M3). Diskutiert, wie sich damit die Zusammensetzung der christlichen Gemeinden und das Leben darin ändert. Erinnert euch auch an die Pfingstpredigt des Petrus (Apg 2,14–41) und andere Bibelstellen des Kapitels, in denen von Zuwächsen der christlichen Gemeinden berichtet wurde.

8. Sammelt, was der Sprecher in M4 von einem „auffallenden" Christen wohl erwartet hat.

9. Deutet M4 vor dem Hintergrund der Konstantinischen Wende.

Urchristliche Mahlgemeinschaft

1. Die Geschichte der frühen Kirche ist voller Wendungen: Pfingsten, Paulus, Verfolgung, Konstantin. Erklärt, worin jeweils die Wende bestand. Gestalte zu jeder der Wendungen eine Minipräsentation, in der du auch die Auswirkung der Wendung auf heute berücksichtigst. Füge deine Minipräsentationen zu einem 🧩 Lapbook zusammen.

2. Stell dir vor, du bist Geschichtsschreiber in der Zeit des frühen Christentums. Du erlebst, wie die christlichen Gemeinden leben, worüber sie streiten und was sie erleben. Verfasse über deine Erlebnisse einen Eintrag für deine Chronik über die Zeit.

3. Das Bild und das Einstiegsbild des Kapitels zeigen, was für die christliche Kirche bis heute zentral ist. Überlegt mit dem Wissen des Kapitels noch einmal, was der rote Faden in der Geschichte der Kirche ist und wie das Bild auf dieser Seite dazu passt.

wiedergeben

Ich kann die Entwicklung des Christentums von Pfingsten bis zur Konstantinischen Wende in Grundzügen wiedergeben. Ich kenne wesentliche Stationen aus dem Leben des Paulus.

deuten

Ich kann das Pfingstereignis im Rahmen seines biblischen Kontextes als Geburtsstunde der Kirche deuten und erkenne, welche Elemente bis heute die Kirche tragen.

urteilen

Ich kann verschiedene positive Faktoren für die Ausbreitung des Christentums beurteilen und die zentrale Rolle, die Paulus dabei spielte, erörtern.

kommunizieren

Ich kann mich über Konflikte und Schwierigkeiten im Leben der ersten Christen austauschen und daraus Impulse für die heutige Zeit gewinnen.

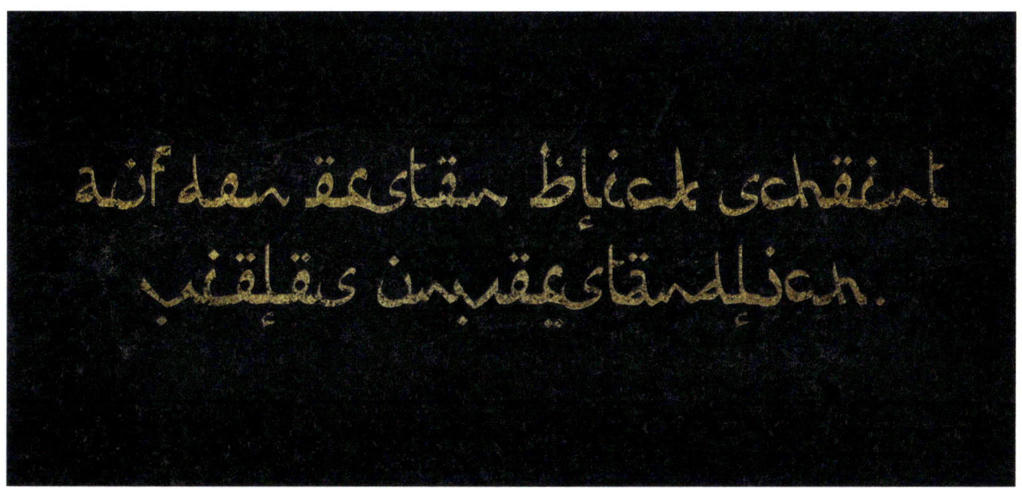

1. Betrachtet das Bild und tauscht euch darüber aus, welche Gedanken euch auf den ersten Blick durch den Kopf gehen. Sammelt Botschaften, die der Künstler mit dieser Gestaltung ausdrücken wollte.

2. Heißt das umgekehrt, auf den zweiten Blick wird alles verständlich? Denke im Stillen über die Frage nach. Finde Beispiele für Elemente des christlichen Glaubens, die aus christlicher Perspektive verständlich sind, für Nicht-Christen aber ohne Erklärung unverständlich bleiben.

3. Diskutiert die Frage aus Aufgabe 2: Warum ist insbesondere bei religiösen Fragestellungen selten alles verständlich?

Spuren im Alltag

M1

Moschee in Penzberg, Oberbayern

M2

Der Islam ist für mich sehr wichtig, denn er ist eine friedliche Religion, die viele Menschen miteinander verbindet. Er ist eine Religion, in der man lernt, verantwortungsvoll und diszipliniert zu sein. Er ist nicht nur eine Religion, sondern eine Verbindung unter vielen verschiedenen Menschen in Frieden und Harmonie.

Almedin, 8. Klasse

M3

1. Betrachte die Bilder M1, M3, M4 und M6 und berichte anschließend davon, welche Bildinhalte dir aus deinem Alltag bekannt sind. Benenne, woran du erkennst, dass dieses Kapitel den Islam behandelt.

2. Almedin beschreibt in M2, was der Islam für ihn bedeutet. Lest M2 und tauscht euch darüber aus, was ihr in Almedins Beschreibung bemerkenswert findet. Entspricht dieses Bild euren eigenen Vorstellungen und Erfahrungen mit dem Islam?

3. Formuliere wie Almedin (M2), welche Bedeutung deine Religion für dich hat.

4. M4 zeigt ein Halal-Restaurant. Das Wort „halal" findet man auch in bestimmten Supermärkten oder auf Lebensmittelverpackungen. Erläutere, was es bedeuten könnte, und schlage im Lexikon nach.

5. Lies M5 und erstelle in deinem Heft einen Eintrag, in dem du stichpunktartig die Informationen festhältst, die für dich neu waren.

6. Erarbeitet zu zweit parallel zu M5 einen kurzen Infotext zum Christentum. Überprüft genau, wo ihr streichen bzw. neu formulieren müsst und wo ihr aus M5 übernehmen könnt.

M4

Allah ist das arabische Wort für Gott. Die Botschaft Allahs ist der Koran (wörtlich: die Lesung). Die Gläubigen des Islam heißen Muslime und Musliminnen (wörtlich: jemand, der oder die sich Gott unterwirft). Sie glauben an einen einzigen Gott. Das arabische Wort „Islam" lässt sich nicht mit einem
5 Wort übersetzen. Es bedeutet ungefähr „Hingabe an Gott" und „Frieden machen". Das ist das wichtigste Ziel der Muslime.

Sie wollen Allahs Gebote gut beachten und so leben, dass es Allah gefällt. Im Zusammenleben mit anderen Menschen gehört dazu z. B. Gerechtigkeit, Barmherzigkeit, Friede, Vernunft, Bildung und
10 Fortschritt. Kein Mensch darf wegen seiner Hautfarbe oder Herkunft benachteiligt werden. Nach dem Tod wünschen sich Muslime ein ewiges Leben bei Gott.

M5

INFO

M6

Der Koran

7. Erstelle aus dem Material der Doppelseite eine Liste mit Fragen zum Islam. Auf die Liste soll alles, was dir unbekannt oder unverständlich erscheint. Vergleicht zu zweit eure Listen. Wählt sechs Fragen aus, die euch besonders interessieren. Tragt eure Fragen in der Klasse zusammen und untersucht, welche ihr gemeinsam klären könnt (6 Think – Pair – Share). Greift im Verlauf des Kapitels immer wieder auf eure Liste zurück und findet Antworten für alle Fragen.

8. Gestalte eine Collage mit Bildern und Texten, die für dich zentrale Elemente des Christentums darstellen. Versuche dich danach in die Rolle von Nicht-Christen hineinzuversetzen. Formuliere Fragen, die diese beim Betrachten deiner Collage zum Christentum haben könnten.

Der Prophet

Mohammed und seine Gefährten (16. Jh.)

M1

Mohammed ibn Abd Allah wurde um 570 nach Christus in der Stadt Mekka geboren. Die arabische Halbinsel bildete damals die Verbindung zwischen dem römischen Reich im Norden, dem Perserreich im Südosten und dem afrikanischen Äthiopien im Süden. Durch Mekka führten daher viele Karawanen und machten die Stadt zu einem wichtigen Handelszentrum. Auch Mohammed arbeitete als Karawanenführer und Kaufmann. Er war für die damalige Zeit ein weitgereister Mann, der auch Kontakt mit anderen Religionen hatte. […]

Der junge Karawanenführer Mohammed heiratete eine ältere Frau namens Khadischa und bekam mit ihr sieben Kinder. Drei Söhne, die traurigerweise alle sehr früh starben, und vier Töchter. Mohammed zog sich oft in eine Höhle im Berg Hira zurück, um dort in der Einsamkeit zu meditieren und nachzudenken. Laut Überlieferung seiner späteren Ehefrau Aischa erschien ihm dort im Alter von 40 Jahren eines Tages der Erzengel Gabriel.

Der Engel ergriff ihn, drückte ihn fest an sich und ließ ihn erst wieder los, als er völlig erschöpft war. Dann forderte er ihn auf: „Lies!" Mohammed antwortete zögerlich „Ich kann nicht lesen." Gabriel ergriff ihn erneut und drückte ihn so fest wie beim ersten Mal. Dann ließ er ihn los und wiederholte seinen Befehl „Lies!" Beim dritten Mal fuhr Gabriel dann fort: „Lies im Namen deines Herrn, der erschuf. Erschuf den Menschen aus einem haftenden Tropfen. Lies, und dein Herr ist der Großzügigste, der lehrte mit dem Schreibrohr, lehrte den Menschen, was er nicht wusste." […]

M2

Mohammed war nach seiner Begegnung mit dem Erzengel sehr erschrocken. Er verließ die Höhle und hörte wieder die furchteinflößende Stimme des Engels rufen: „Mohammed, du bist Allahs Gesandter und ich bin Gabriel." Mohammed sollte den Menschen die göttliche Offenbarung vortragen. […]

1. Beschreibt M1. Tauscht euch über Besonderheiten der Darstellung aus.

2. Lest M2 und erstellt zusammen mit dem Lexikoneintrag einen Steckbrief zum Propheten Mohammed.

3. Rechnet nach, in welchem Jahr wir uns gemäß der muslimischen Zeitrechnung (M2) befinden, und überprüft eure Berechnung im Internet.

4. Stellt die Szene zwischen Mohammed und dem Erzengel Gabriel (M2) in verschiedenen Standbildern dar. Sprecht zu den Standbildern, was Mohammed jeweils durch den Kopf gehen könnte. Vergleicht seine Berufung mit der des Paulus (vgl. ➔ Kapitel 2, S. 30f.).

5. Formuliere eine Vermutung, warum Mohammed in M1 ohne Gesicht dargestellt wird. Auf der nächsten Doppelseite erfährst du mehr dazu.

Die Lehren Mohammeds waren den Führern seines Stammes in Mekka suspekt. Es kam zu Spannungen. Als die Situation für ihn immer bedrohlicher wurde,
35 siedelte er mit seinen Anhängern nach Medina um. Das war 622 nach Christus. Die Emigration bezeichnet man als „Hidschra". Sie ist der Beginn der muslimischen Zeitrechnung. Anders als im christlichen Kalender werden die Jahre nach dem Verlauf des Mondes und nicht nach dem Lauf der Sonne berechnet. Sie sind etwa zehn bis elf Tage kürzer.

In Medina verfasste Mohammed eine Gemeindeordnung. Er gründete die
40 erste Gemeinschaft auf der arabischen Halbinsel, in der die Menschen durch ihre Religion und nicht durch ihre Stammeszugehörigkeit verbunden waren. Diese Gemeinschaft heißt „Umma". Die „Umma" war in den kommenden Jahren in eine Reihe von Kämpfen mit den Stämmen der Umgebung verwickelt. Viele der Stammesfürsten traten zum Islam über. Nur Mekka blieb hart-
45 näckig. Im Jahr 630 nach Christus eroberte Mohammed seine Heimatstadt zurück. Ein großer militärischer Erfolg, der weit über Mekka hinaus bekannt wurde. Das half auch der Verbreitung seiner Lehre. Bis zum Tode Mohammeds im Jahre 632 nach Christus wurde der Islam fast überall auf der arabischen Halbinsel anerkannt.
Andrea Oster

Es gibt in der Überlieferung die berühmte Erzählung von Mohammed und seinem Nachbarn. Dieser Nachbar will Mohammed anscheinend ärgern und kippt dem Propheten jeden Morgen seinen Müll vor die Tür. Was macht Mohammed? Morgen für Morgen macht er sauber und entsorgt den Müll. Und
5 wenn andere vorbeikommen und fragen, was er da macht, antwortet er geduldig: „Nichts Besonderes, ich mache nur sauber!" Als Mohammed eines Tages das Haus verlässt, fällt ihm auf, dass der Müll vor der Tür fehlt. Da macht er sich Sorgen, was mit dem Nachbarn los ist, und geht zu ihm. Der Nachbar ist verdutzt und fragt, warum er sich nach ihm erkundige und was er
10 von ihm wolle. Und Mohammed antwortet: „Ja, ich dachte, weil kein Müll da war, dass du vielleicht krank bist, und wollte schauen, ob ich dir helfen kann!" Das ist der Tag, an dem der Nachbar aufhört, seinen Müll vor die Tür des Propheten zu schmeißen.
Mouhanad Khorchide

6. Lies M3 und ergänze damit deinen Steckbrief aus Aufgabe 2.

7. Aus M3 lassen sich Lehren für den Umgang von Menschen untereinander ziehen. Formuliert diese und benennt entsprechende Regeln aus dem Christentum.

8. Vergleicht euer Wissen aus der 6. Jahrgangsstufe über Jesus mit dem, was ihr bisher über Mohammed gelernt habt. Nutzt dazu euren Steckbrief aus Aufgabe 2 und findet weitere Vergleichsaspekte wie „Bedeutung in der Religion", „Beziehung zu Gott", „Umgang mit anderen" usw.

9. Benennt mithilfe von M2 Parallelen und Unterschiede zu den Anfängen des Christentums (➜ Kapitel 2).

Der Koran

M1 Auch wenn die Muslime Christen zu den Leuten der Schrift zählen, bedeutet dies nicht, dass christliches und muslimisches Schriftverständnis vergleichbar sind. Für Christen ist die Bibel Trägerin der Botschaft vom Heilshandeln Gottes in Jesus Christus. Sie ist eine aus menschlichen Zeugnissen bestehende Sammlung historischer Schriften, die der Interpretationshilfe des Heiligen Geistes bedarf. Im Koran gibt es Bezüge auf einzelne Personen und Geschichten aus der hebräischen Bibel und den Evangelien, die in zum Teil veränderter Form wiedergegeben werden. Eine besonders herausragende Person ist dabei Abraham (Ibrahim). Auf ihn und seinen Sohn Ismael (Ismail) wird eines der wichtigsten islamischen Feste, das Opferfest, zurückgeführt. […]

Der Koran ist aber nach muslimischem Verständnis nicht – wie die Bibel – Träger der Botschaft, sondern die Botschaft selbst. Die Botschaft des Korans ist ewig, sie wird als eine Urschrift von Gott geschützt. Er wurde von Gott durch den Engel Gabriel hinabgesandt. In ihm wird das Wort Gottes für Menschen greifbar. Da die Ursprache des Korans Arabisch ist und jede Übersetzung eine Bedeutungsverschiebung mit sich bringt, ist der Koran nicht wortwörtlich zu übersetzen. Jeder Versuch, den Koran zu übersetzen, kann nicht mehr als eine Interpretation sein. Das fünfmal tägliche Gebet ist auf Arabisch. Darum lernen Muslime schon als Kind den Koran auf Arabisch zu rezitieren[1]. […] Das Auswendiglernen und Lesen des Korans ist ein Gottesdienst.

Der Ausdruck der Verehrung gegenüber dem Wort Gottes drückt sich im emotionalen Umgang mit dem Wort selbst aus. In der Kunst der Kalligrafie wird diesem auf ästhetische Weise Ausdruck verliehen. Wo in christlichen Kirchen und auf Altären Bilder zu sehen sind, findet man in Moscheen kalligrafische Zeichnungen einzelner Wörter oder Koranverse. Das Rezitieren des Korans klingt wie Musik für muslimische Ohren. Koranrezitatoren gelten als Künstler und gläubige Muslime lauschen ihnen mit Begeisterung.

Harmjan Dam / Selçuk Doğruer / Susanna Faust-Kallenberg

[1] rezitieren: künstlerisch vortragen

Kalligrafie – Koransuren als Hausverzierung in Casablanca

1. Lest M1, unterteilt den Text in Sinnabschnitte und fasst deren Inhalt jeweils mündlich zusammen.
2. Vergleiche mithilfe von M1 und dem Lexikon Koran und Bibel miteinander.
3. Die große Verehrung für das Wort Gottes (M1) zeigt sich auch in M2. Tauscht euch darüber aus, wie ihr es fändet, wenn man die Hauswände mit Bibelversen verzieren würde.
4. Der Koran als Botschaft Gottes und die Bibel als Trägerin der Botschaft – erläutere, welcher Unterschied sich für die Verwendung in Gottesdienst und Alltag aus dem jeweiligen Verständnis des Glaubensbuchs ergibt.
5. Gestalte deinen Lieblingsvers des Apostolischen Glaubensbekenntnisses oder deinen Taufspruch als Kalligrafie. Alternativ könnt ihr auch eine Wortcollage mit dem Vers gestalten.

Du sollst dir kein Bildnis machen ...

Er sprach: „Wollt ihr das anbeten, was ihr als Standbild macht?
Wo euch doch Gott erschaffen hat, und das, was ihr tut?"

Sure 37, 95–96

Der Koran kennt ein Bilderverbot. Dies entspringt zwar nicht unmittelbar
dem Koran, stammt aber doch aus der islamischen Frühzeit. Die Darstellung
beseelter Wesen gilt als Frevel, da es nur Gott zukommt, zu erschaffen und
Leben einzuhauchen. In Bezug auf den Propheten wurde dieses Bilderverbot
5 sehr streng eingehalten. Zeichnungen, die den Propheten dennoch darstellen,
sind allenfalls unpersönliche Miniaturen[1], die zwischen Buchdeckeln gut
gehütet werden. Diese heilige Scheu ist nichts, was der Vergangenheit angehören würde, sondern sie ist bis heute die Norm, von der es allerhöchstens
Ausnahmen gibt. [...] In Moscheen und muslimischen Wohnungen dienen
10 daher oft Kalligrafien als Wandschmuck.

Melanie Miehl

[1] Miniatur:
kleine Zeichnung,
Abbildung

Die Ablehnung von Bildern gibt es nicht nur im Islam, sondern auch in ande-
ren monotheistischen Religionen, wie dem Judentum und dem Christentum.
Hintergrund ist häufig der Kampf gegen den Polytheismus, die Vielgötterei.
  In vorislamischer Zeit, oder auch zur Zeit des Alten Testaments glaubten
5 viele Menschen an mehr als einen Gott. Zur Zeit des Islam vertraten diese
Ansicht insbesondere Anhänger von Naturreligionen, bei denen Gestirne,
Bäume oder Quellen als Gottheiten verehrt wurden. Der alttestamentliche
Prophet Jeremia wiederum kämpfte u. a. gegen den Aberglauben an den Wetter-
gott Baal, und als Mose mit den Zehn Geboten vom Berg Sinai zurückkehrte,
10 hatte sich das Volk Israel ein goldenes Kalb gegossen, um dieses als neuen
Gott zu verehren. In allen drei Religionen steckt hinter der Ablehnung mehrerer
Götter der Glaube daran, dass es nur einen einzigen wahren Gott gibt. Um
diesen Glauben durchzusetzen, kam es immer wieder zu Zerstörungen von
Statuen, Bildern oder heiligen Stätten anderer Götter.

6. Wiederhole dein Wissen zum Bilderverbot (2. Mose 20,4) aus der 5. Jahrgangsstufe und setze es in
    Bezug zu M3.
7. Diskutiert, warum in Kirchen Jesus und viele Szenen aus seinem Leben dargestellt werden. Erinnert
    euch an ➡ Kapitel 2.
8. Schlage „Monotheismus" im Lexikon nach und erkläre damit und mithilfe von M4, warum Mohammeds
    Gesicht in ➡ S. 44, M1, verdeckt ist.
9. Diskutiert anhand von Mohammeds Berufung (➡ S. 44, M2, Z.19–32) oder anhand der Erzählung
    über Mohammed und seinen Nachbarn (➡ S. 44, M3), wie man einen Film über den Propheten
    Mohammed gestalten kann, der das Bilderverbot achtet.
10. Lies M5 und setze die Sure M3 in Bezug zu den Aussagen des Textes. Erläutere den Begriff
    „Polytheismus". Erkläre dabei, warum der Islam den Polytheismus ablehnt.

Den Islam gibt es nicht

M1 Wie im Christentum gibt es auch im Islam zahlreiche theologische und kulturelle Unterschiede. Den Sunniten gehören ca. 85 % aller Muslime an. Die zweitgrößte Glaubensgruppe sind die Schiiten. Innerhalb beider Strömungen sind zahlreiche konfessionelle Gemeinschaften entstanden, beispielsweise die schiitische Gruppe der Aleviten, die hauptsächlich in der Türkei ansässig sind, oder die Wahabiten, welche eine Untergruppierung der Sunniten sind. Zentrale Unterschiede der Glaubensgemeinschaften bestehen in der Interpretation von Koran und Sunna – der Tradition des Propheten. So ist etwa der Verzehr von Schweinefleisch und Alkohol bei den Aleviten erlaubt, bei den anderen Gruppierungen aber normalerweise nicht. Die Wahabiten wiederum nehmen den Koran wörtlich und interpretieren ihn nicht. Die Wahabiten zeichnen sich durch ihre Buchstabentreue aus. Das heißt, dass sie keinerlei zeitgemäße Übertragungen oder Interpretationen des Korans akzeptieren.

Der andere große Unterschied entstand durch die Frage nach dem rechtmäßigen Nachfolger Mohammeds. Als Mohammed starb, war nicht klar, wer die religiöse Gemeinschaft in Zukunft führt. Dazu wurde schließlich ein Kalif bestimmt, der dann sowohl die religiöse wie auch die politische Führung übernahm, welche man als Kalifat bezeichnet. Zu Beginn war man sich bei der Ernennung des jeweiligen Kalifen noch einig. Später jedoch änderte sich dies und die Urgemeinden spalteten sich auf. Einige Anhänger des Islam vertraten die Ansicht, dass Mohammeds rechtmäßiger Nachfolger mit ihm verwandt sein muss. Aus dieser Gruppe entstanden die Schiiten, die Mohammeds Cousin Alī ibn Abī Tālib zum Kalifen ernannten. Für die späteren Sunniten zählte die verwandtschaftliche Nähe weniger. Ihnen war wichtig, dass der Nachfolger des Propheten diesem geistig nah war. So wählten sie schließlich Mohammeds Schwiegervater und Vertrauten Abū Bakr.

M2

Derwisch beim Tanz

Die Kalifen übernahmen die Führung der jeweiligen Strömung, eine einheitliche
40 Struktur wie in evangelischen oder katholischen Gemeinden gibt es bei den
islamischen Gemeinden jedoch bis heute nicht. Und auch ein allgemein aner-
kanntes Oberhaupt, das für alle oder zumindest die Mehrheit der Muslime
und Musliminnen auf der Welt sprechen könnte, existiert nicht.

Eine islamische Strömung ist der Sufismus, den es in verschiedenen Ausprä-
gungen gibt. Er tritt sowohl bei den Sunniten als auch bei den Schiiten auf.
Oberstes Ziel des Sufismus ist eine innige Beziehung zwischen Mensch und
Gott. Dafür geben Sufisten ihr weltliches Leben auf und geben sich ganz dem
5 Gottesdienst und dem Glauben hin. Häufig ziehen sie als Bettelmönche umher.
 Im Persischen spricht man statt von Sufisten von Derwischen. Berühmt ist
der Tanz der Derwische, der zugleich Gebet ist. Dabei drehen sich die Derwische
nach einer immer gleichen Choreographie so lange im Kreis, bis sie völlig in
Trance verfallen.

Jedes Gebet hat einen Klang und eine körperliche Gestalt.

Rumi (1207–1273)

1. Lest M1 und haltet die Informationen über die verschiedenen Ausrichtungen des Islam in einer Übersicht fest. Nutzt das Lexikon für unbekannte Begriffe und ergänzt eure Übersicht.

2. Diskutiert, ob die Aussage „Das Christentum gibt es nicht." ebenfalls zutreffend wäre.

3. Entwerft einen Dialog zwischen einem Christen und einem Muslim, die sich über die Anfänge ihrer jeweiligen Religion unterhalten. Nutzt dazu euer Wissen aus ➲ Kapitel 2 über die christliche Ur-gemeinde. Geht im Dialog auf Themen wie Nachfolge und rechte Lehre in den Urgemeinden der beiden Religionen ein.

4. Beschreibt und deutet M2. Lest anschließend M3 und ergänzt eure Übersicht aus Aufgabe 1.

5. Probiert in verschiedenen Pantomimen aus, welche Botschaften und Gefühle man mit ganz wenig Gestik, Mimik und Bewegung transportieren kann. Erläutert, zu welchen Situationen eure Panto-mimen passen.

6. Setzt M2 in Verbindung zu M4. Sammelt Situationen und Emotionen, bei denen es leichter fällt, sich durch Bewegungen als mit Worten auszudrücken. Nutzt dazu eure Erfahrungen aus Aufgabe 5.

7. Entwerft zu Teilen des Vaterunsers in Gruppen Tanzbewegungen oder Gesten. Führt das Gebet der Christen dann gemeinsam auf und sprecht anschließend über Erfahrungen, die so eintreten können, beim bloßen Sprechen aber vielleicht nicht. Diskutiert auch, ob vorgeschriebene oder spontane Bewegungen besser zu einem bewegten Gottesdienst passen.

8. Auch im Christentum gibt es Gruppierungen, die zeitgemäße Interpretationen der Bibel ebensowenig akzeptieren, wie die Wahabiten (M1) es für den Koran tun. Überlegt, was eine wörtliche Umsetzung von 3. Mose 21,5 heute bedeuten würde. Diskutiert auf dieser Grundlage Chancen und Grenzen einer Umsetzung von Glaubenstexten.

Die erste Säule – Das Glaubensbekenntnis

M1 Im Islam gibt es fünf Grundpflichten, sogenannte Säulen. Die erste Säule ist das Glaubensbekenntnis, *schahâda:* „Ich bezeuge, dass es keine Gottheit außer Gott gibt und dass Mohammed der Gesandte Gottes ist." Will man zum Islam übertreten, genügt es, dieses Glaubensbekenntnis in ehrlicher Absicht zu sprechen. Wer sich wie ein Muslim verhält, gilt als solcher. Im Glaubens- 5
bekenntnis bekennt sich der Muslim zu absolutem Monotheismus und zur prophetischen Sendung Mohammeds. Dadurch bekommt auch der Koran seinen Stellenwert als von Gott geoffenbartes Wort.

M2 Im Namen Gottes, des barmherzigen Erbarmers.
Lobpreis sei Gott, dem Herrn der Weltbewohner,
dem Erbarmer, dem Barmherzigen,
dem Herrscher am Tage des Gerichts!

Dir dienen wir, dich rufen wir um Hilfe an.
Leite uns den rechten Weg,
den Weg derer, denen du gnädig bist,
nicht derer, denen gezürnt wird,
noch derer, welche irregehn!   Sure 1

1. Auf den Seiten 50–54 lernst du die fünf Säulen des Islam kennen. Diese können gut mithilfe eines Lapbooks gesichert werden. Gestalte nach jeder Seite eine Minipräsentation zu der jeweiligen Säule.

2. Lest M1 und vergleicht die *schahâda* mit dem Apostolischen Glaubensbekenntnis.

3. Diskutiert, ob man die vier Grundpfeiler der christlichen Kirche (→ Kapitel 2) ebenfalls als Säulen bezeichnen könnte, die die Grundpflichten eines jeden Christen darstellen.

4. M2 veranschaulicht, welche Auffassung der Islam von Gott hat. Erstellt zu zweit eine Liste von Eigenschaften und Merkmalen. Tauscht euch anhand der Liste über Unterschiede und Gemeinsamkeiten zu eurem eigenen Gottesbild aus.

5. Beschreibt M3 und benennt Auffälligkeiten. Erinnert euch an → S. 42, M3. Diskutiert, ob dies ein passender Ort ist, um zu beten.

6. Lest M4 und benennt dazu passende Elemente aus M3.

7. Tauscht euch darüber aus, ob ihr ebenfalls (vorbereitende) Rituale zum Gebet kennt (M4). Recherchiert im Internet nach weiteren Gebetsritualen.

8. Durch ihr regelmäßiges Gebet halten Muslime fünfmal am Tag inne und haben eine kurze Pause vom Alltag. Führe einen Selbstversuch durch: Probiere eine Woche lang aus, fünfmal am Tag innezuhalten und mindestens eine Minute lang durchzuatmen, zu beten oder ganz bewusst zu schweigen und den Kopf frei zu machen. Berichtet anschließend über eure Erfahrungen.

Die zweite Säule – Das rituelle Gebet

Die zweite Säule des Islam ist das Ritualgebet, *salât*, das fünfmal am Tag 
gebetet wird. Es besteht aus einer bestimmten Abfolge von Körperhaltungen:
Aufrechtstehen, Rumpfbeugen, Knien mit zweimaligem Berühren des Bodens
mit der Stirn. Bei jedem Gebet wird diese Abfolge in unterschiedlicher Anzahl
5 vollzogen. Es schließt mit einer Kopfwendung von rechts nach links. Zum
Gebet gehören auch rituelle Waschungen von Gesicht, Händen und Füßen.
Symbolisch reinigt sich der Mensch, bevor er vor Gott tritt. Es spielt für den
Muslim keine Rolle, wo er sich befindet, um zu beten (Ausnahme Freitagsgebet), aber er muss darauf achten, dass der Boden dort, wo er beten will, nicht
10 verunreinigt ist. Deswegen führen gläubige Muslime einen Gebetsteppich mit
sich, den sie ausrollen können. Gebetet wird immer in Richtung der Kaaba in
Mekka. Heutzutage benutzen manche Muslime Apps, um die Gebetsrichtung zu
bestimmen. Befinden sich mehrere Muslime an einem Ort, sollen sie zusammen
beten. Frauen und Männer dürfen dies jedoch nicht direkt nebeneinander.
15   Zudem soll das Mittagsgebet an Feiertagen und am Freitag nach Möglichkeit in einer Moschee stattfinden. Denn bei diesen gibt es als weitere Be-
sonderheit eine Predigt durch den Imam der Gemeinde.
  In Ländern mit einem hohen Anteil muslimischer Einwohner gibt es einen
Gebetsrufer, den Muezzin, der zum regelmäßigen Gebet ruft, ähnlich wie bei
20 uns die Kirchenglocken. Dazu sind heutzutage an den Minaretten der
Moscheen Lautsprecher befestigt, die den Ruf des Muezzin in der ganzen
Stadt hörbar machen.

Die dritte Säule – Das Fasten

M1

M2

Das Fasten, *saum*, im Monat Ramadân ist die dritte Säule des Islam. Es gilt als Bußübung und Vorbereitung auf einen besonderen Feiertag. Gefastet wird von Sonnenaufgang bis Sonnenuntergang. In der Nacht trifft man sich in der Familie und mit Freunden, um gemeinsam zu essen. 10

Der Zeitpunkt des Fastenmonats richtet sich nach dem islamischen Mondkalender. Da in diesem die Monate kürzer sind als im Sonnenjahr, variiert der Zeitpunkt des Ramadân 15 jedes Jahr. Kranke, Kinder, Schwangere, Senioren und schwer arbeitende Menschen sind von der Fastenpflicht ausgenommen. Auch ist es möglich, das Fasten nachzuholen, z. B. wenn man sich während des Ramadâns auf Reisen befindet. Das Ende des Fastenmonats wird mit einem großen Fest gefeiert. 20

M3

„Karima!" Hanna legte die Hand auf Karimas Arm. „Rede mit mir. Das ganze Wochenende habe ich versucht, dich zu erreichen! Wir hätten Eis essen, irgendetwas unternehmen können – das Wetter war so super!" – „Ich bin Muslima. Seit Mittwoch haben wir Ramadân. Habe ich dir doch schon gesagt. Ich habe beschlossen, das Fasten einzuhalten. Ich möchte das einfach 5 mal machen, verstehst du?" – „Aber warum? Du hast dich nie um Religion geschert!" – „Mir geht dieses ganze flache Blabla jeden Tag total auf den Geist. Das kann einfach nicht alles sein." – „Du suchst nach dem Sinn des Lebens, oder was? Musst du deshalb mit einem Kopftuch rumlaufen? Bei deinem Haar?" – Karima zuckte die Achseln. „Es steht im Koran. Ich will mich dran 10 halten." – „Wieso, Karima?" – „Das Fasten stärkt die Selbstdisziplin. Ich will Dinge über mich herausfinden. Sehen, wie stark ich bin." – „Bestimmt knickst du ein. Wir haben bis vier Uhr Schule." – „Wir werden ja sehen."

Friederike Schmöe

1. Überlegt euch zu zweit, wie die Szene aus M1 weitergehen könnte. Spielt M1 anschließend nach und weiter (6 Szenisches Spiel). Diskutiert, ob es eine Rolle spielt, welcher Religion die beiden Personen in M1 angehören.

2. Berichtet, wo ihr schon einmal mit dem Thema Fasten in Berührung gekommen seid. Lest dann M2 und vergleicht, welche Unterschiede und Gemeinsamkeiten es zwischen dem islamischen Fastengebot und euren bisherigen Erfahrungen mit dem Thema gibt.

Die vierte Säule – Die Armensteuer

M4   Die Zakat

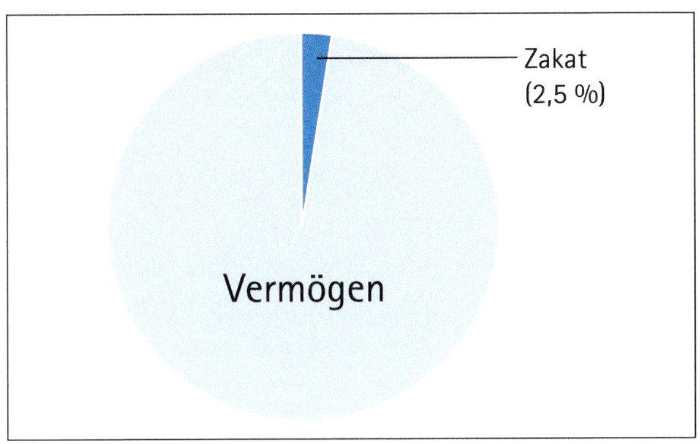

Der Gottesfürchtige wird von ihm verschont,
der sein Gut dahingibt, auf dass er sich läutert.

Sure 92,17f.

Sie fragen dich, was sie spenden sollen.
„Sprich: Das, was ihr übrig habt."

Sure 2,219

M5

M6

Muslime sind durch die verschiedenen autoritativen Texte ihrer Religion zur regelmäßigen Zahlung einer festgelegten Geldsumme verpflichtet, die vor allem für die Unterstützung von Armen und Bedürftigen verwendet werden muss. Dieses Pflichtalmosen wird *zakât* genannt. [...] Begründet wird diese
5 Regelung damit, dass Armut eine Gefahr für den Glauben an Gott darstellt.

Peter Heine u. a.

3. Lest M3 mit verteilten Rollen. Untersucht, welche Emotionen bei Hanna und Karima jeweils mitschwingen. Diskutiert verschiedene Möglichkeiten, welche ihr am passendsten für die Situation findet und für welches Mädchen ihr am meisten Verständnis habt.

4. Deutet M4 in Bezug auf die Seitenüberschrift und diskutiert, was für euch Vermögen ist.

5. Im Koran wird die *zakât,* die Armensteuer, immer wieder erwähnt (M5). Erarbeitet einen Dialog zwischen Karima und Hanna (M3), in dem Karima Hanna die vierte Säule erklärt. Nutzt dazu M4 bis M6.

6. Diskutiert, inwiefern Armut eine Gefahr für den Glauben darstellen kann (M6).

7. Man soll 2,5 % von seinem Besitz spenden. Berechne, wie viel von deinem Jahrestaschengeld das wäre. Tausche dich in der Klasse aus, ob es dir leicht oder schwer fallen würde, den Betrag zu spenden.

8. Liste zehn deiner Besitztümer auf, die du entbehren könntest. Würde sich in deinem Leben ohne sie etwas ändern? Tausche dich mit deinem Nachbarn / deiner Nachbarin aus.

9. Teilt euch in zwei Gruppen auf und bereitet Argumente für eine Pro- und Kontra-Debatte zum Thema religiöses Fasten vor. Führt die Debatte durch, wobei aus jeder Gruppe zwei Personen mitwirken. Gebt anschließend Feedback.

10. Diskutiert, ob die Festlegung der Steuer auf 2,5 % nicht im Widerspruch zur Sure 2,219 steht. Erstellt anschließend eine Thesenrallye zum Thema, was in eurem Leben entbehrlich ist.

Die fünfte Säule – Die Pilgerfahrt

Die fünfte Säule des Islam bildet die Pilgerfahrt, *haddsch* oder *hajj*, nach Mekka, die jeder gläubige Muslim einmal in seinem Leben unternommen haben soll. Heute fliegen die meisten Muslime nach Mekka und beginnen den *haddsch* dort. Dagegen musste man sich früher zu Fuß auf den Weg machen, so dass die Pilgerreise mehrere Jahre dauern konnte. In Mekka steht die größte Moschee der Welt, die al-Haram-Moschee. In ihrem Inneren befindet sich die Kaaba, ein 15 m hoher, schwarzer Würfel, der nur einen einzigen Raum besitzt. In der Ostwand liegt ein schwarzer Stein, vermutlich ein Meteorit.

Der *haddsch*, mit dem islamischen Opferfest als Höhepunkt, findet jedes Jahr zu einem festen Zeitpunkt im islamischen Kalender statt.

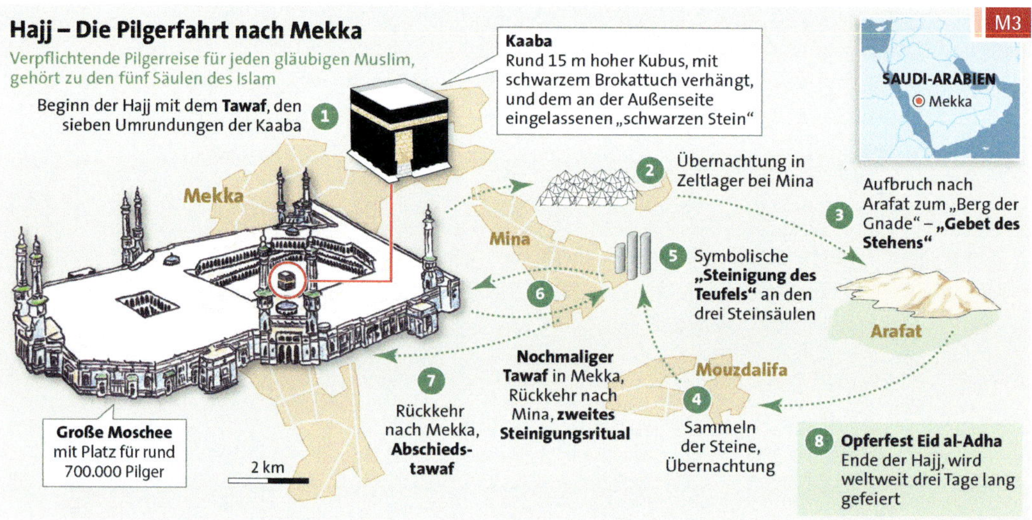

„Was versprichst du dir von dieser Reise, Sevgi?" – „Huzur", sagt sie. Eine Empfindung, die Sevgi nur in ihrer Muttersprache benennen kann. Seelenfrieden. „Ich hoffe, dass Gott mir meine Sünden vergeben wird, wenn ich meine Schuld bei ihm begleiche." – „Aber was ist deine Schuld?" - „Ich habe Sünden begangen. Ich will wieder so unschuldig sein wie am Tag meiner Geburt."

Özlem Topçu

Der Islam in der Welt

Land	Verbreitung
Tunesien	99,1 %
Afghanistan	99,0 %
Algerien	99,0 %
Irak	99,0 %
Jemen	99,0 %
Marokko	99,0 %
Saudi-Arabien	99,0 %
Türkei	99,0 %
Libyen	96,6 %
Iran	96,5 %
Pakistan	95,0 %
Jordanien	94,2 %
Aserbaidschan	93,4 %
Ägypten	90,0 %

M5

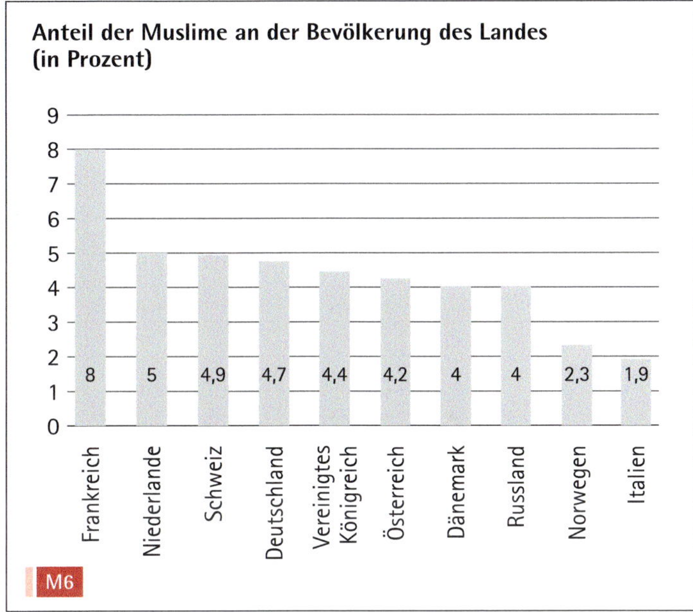

M6

1. Betrachtet M1 und stellt Vermutungen an, was darauf abgebildet sein könnte. Überprüft anschließend eure Vermutungen mithilfe von M2, M3 und dem Lexikon.

2. Das Opferfest (M2) geht auf eine Geschichte zurück, die auch der Bibel nicht fremd ist. Lies 1. Mose 22,1-19 und erkläre in eigenen Worten, woran das Opferfest erinnert.

3. Ermittelt mithilfe von M3, wie viele Kilometer bei der *haddsch* ab Beginn der Tawaf zurückgelegt werden. Schätzt, wie lange die reine Gehzeit dafür beträgt.

4. Sevgi wünscht sich Huzur (Seelenfrieden) von ihrer Reise. Überlege dir, was das Wort Seelenfrieden für dich bedeutet, und gestalte dazu eine ⁂ Wortcollage.

5. Tauscht euch über eure Gedanken zum Seelenfrieden aus und vergleicht sie mit Sevgis Erklärung (M4). Erläutert damit, warum Menschen in früheren Zeiten es auf sich nahmen, Jahre unterwegs zu sein, um einmal am *haddsch* teilzunehmen.

6. Sucht die in M5 aufgelisteten Länder auf einer Weltkarte in eurem Atlas (⁂ Landkarten). Beschreibt geografische Auffälligkeiten. Recherchiert auf einer passenden Weltkarte nach weiteren Ländern mit einem hohen Anteil an muslimischer Bevölkerung. Beschreibt eure Beobachtungen mit wenigen Sätzen.

7. Ermittelt mithilfe eures Atlas (⁂ Landkarten), wie viele Personen sich hinter den Prozentzahlen aus M6 in etwa verbergen. Setzt diese Zahlen jeweils zur Einwohnerzahl von München oder Berlin ins Verhältnis. Auch hier hilft euch der Atlas. Wenn ihr noch Zeit habt, könnt ihr auch auf die anderen Länder in Europa eingehen. Formuliert am Ende, was ihr über die Verbreitung des Islam in Europa feststellen konntet.

8. Recherchiert im Internet, welche weiteren Feste es im Islam gibt und wie genau das Leben in Ländern mit vorwiegend muslimischer Bevölkerung durch die Religion mitgestaltet wird. Bereitet dazu ⁂ Referate vor. Erklärt jeweils, was gefeiert wird, wann das Fest stattfindet, welche Traditionen es gibt. Gebt euch anschließend ⁂ Feedback.

Das Kopftuch – Gebot oder Tradition?

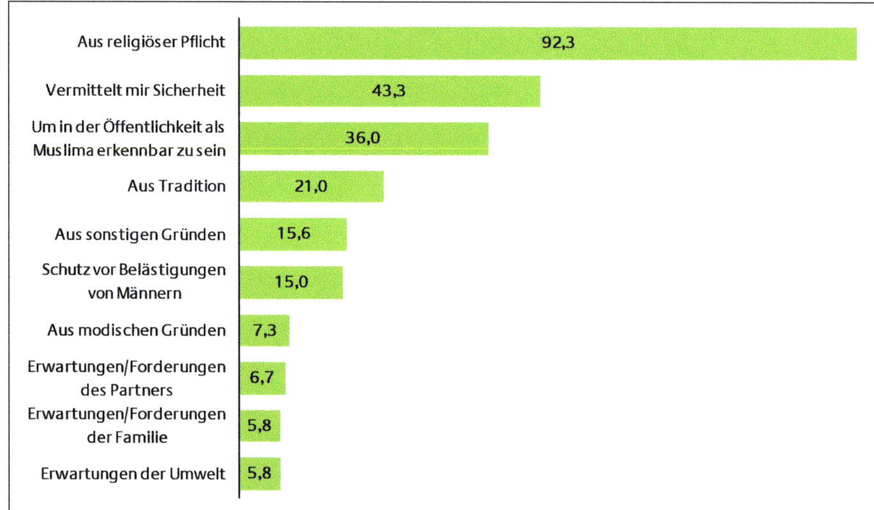

M2 **Gründe für das Tragen des Kopftuches der befragten Musliminnen (in Prozent); Mehrfachnennungen möglich**

Quelle: MLD 2008, Datensatz der Befragten im Alter ab 16 Jahren gewichtet.
Ungewichtete Fallzahlen: 345

1. Betrachtet M1 und berichtet, wo ihr mit dem Thema Kopftuch schon in Berührung gekommen seid.

2. Fasst die Inhalte aus M2 in Worte. Tauscht euch darüber aus, welche der Gründe für euch neu oder unerwartet sind.

3. Karima (➲ S. 52, M3) sagt, laut Koran muss man ein Kopftuch tragen. Die oft als Begründung genannte Sure (M3) lässt Raum für Interpretationen. Lest M3 und sammelt, welche Deutungen denkbar sind. Prüft, welche der Gründe aus M2 zu diesen Deutungen passen.

4. M2 lässt vermuten, dass Frauen mit Kopftuch besonders religiös sind. Ümmühan Çiftçi (M4) sieht das anders. Lies M4 und erkläre, worin sich für Ümmühan Çiftçi ihr Religiosität zeigt.

Und sprich zu den gläubigen Frauen, dass sie ihre Blicke senken und ihre Scham bewahren und ihren Schmuck nicht zeigen sollen, bis auf das, was ohnehin zu sehen ist, und dass sie sich ihren Schal um den Ausschnitt schlagen …

Sure 24,31

Ich trage das Kopftuch nicht. In meiner Familie tragen viele Frauen ein Kopftuch – zum Beispiel meine Mutter. In der Moschee und zum Beten trage ich es natürlich. Ich denke, es ist in den Köpfen von vielen verankert, dass allein Frauen, die das Kopftuch tragen, sehr religiös sind. Darum denken vielleicht
5 viele, die mich kennen, dass ich nicht so religiös bin. Aber so ist es nicht – Religion ist für mich sehr wichtig. Ich möchte auch noch mehr über meine Religion wissen und bemühe mich, mich in dem Bereich weiterzubilden. Für mich ist das fünfmalige Beten viel wichtiger als das Tragen des Kopftuchs. Das ist meine ganz persönliche Ansicht, genauso respektiere und verstehe ich
10 aber auch die Entscheidung für das Kopftuch.   Ümmühan Çiftçi

Ja, eine Zeit lang habe ich das Kopftuch getragen, was jedoch nicht bedeutet, dass ich strikt für oder gegen das Kopftuch wäre, denn ich habe darin nie ein politisches Statement gesehen. Mit diesem Stück Stoff halte ich es eher wie mit den Speisevorschriften; mir ist der tiefere Sinn wichtig. Zu jener Zeit war
5 es mir ein besonderes inneres Bedürfnis, meinen Glauben auf die Probe zu stellen, um mich meiner Selbst zu vergewissern. Die wertvollen positiven wie negativen Erfahrungen möchte ich nicht missen, auch wenn sie bedeuteten, so manches Mal ausgegrenzt und benachteiligt zu werden. Es hat mir meine Augen geöffnet und meinen Blick geschärft.   Julia Feder

5. Julia Feder (M5) erklärt, warum sie eine Zeit lang ein Kopftuch getragen hat, und auch, dass sie dadurch nicht nur positive Erfahrungen gesammelt hat. Findet Beispiele für negative Erfahrungen, wie Julia sie als Kopftuchträgerin gemacht haben könnte. Untersucht eure Beispiele auf darin enthaltene Vorurteile.

6. Manche Frauen tragen das Kopftuch auch aus traditionellen oder modischen Gründen. Reflektiere, was du selbst aus solchen Gründen tust oder trägst. Denke dabei z.B. auch an besondere Anlässe.

7. Lest 1. Kor 11,4f. und tauscht euch zu zweit über eure ersten Gedanken aus.

8. Stellt euch vor, ihr unterhaltet euch nach dem Sonntagsgottesdienst mit einem Gottesdienstbesucher, der sich vehement gegen das Kopftuch ausspricht. Spielt nach (⬛6 Szenisches Spiel), wie der Mensch reagieren könnte, wenn ihr ihm die Bibelstelle 1. Kor 11,4f. vorlest.

9. Angehörigen des Islam schlagen häufig Vorurteile entgegen. Sammelt solche und erstellt eine 🧩 Thesenrallye über Vorurteile gegen den Islam.

10. Tauscht euch über Situationen im Alltag aus, in denen religiöse Konflikte innerhalb und zwischen Religionen entstehen können. Sammelt in einer Tabelle Verhaltensweisen, die einen respektvollen Umgang miteinander erleichtern bzw. erschweren.

Konfliktthemen

M1 Der Tag wurde nicht gerade besser. In Deutsch waren Zeitungen und Online-medien das Thema. Herr Prechtl, ihr Lehrer, brachte das Gespräch auf Karikaturen als Bestandteil der Tagespresse. Schon ging es los. Sinan meldete sich. „Ich finde, Karikaturen, die andere beleidigen, gehören verboten. Zum Beispiel Darstellungen des Propheten." 5

Hannas Hand schoss in die Höhe. „In Deutschland haben wir aber Meinungs-freiheit." Einige Schüler murmelten zustimmend. Schnell suchte Hanna Leons Blick. Doch der hockte auf seinem Platz an der Tür und knibbelte an seinem Block. Schaute nicht hoch. „Die Freiheit des Einzelnen endet dort, wo die Freiheit des anderen beginnt", spielte Sinan sich als Oberschlaumeier auf. 10 „Die Freiheit, gegen die Meinungsfreiheit?" Hanna lachte laut. „Das ist nicht wirklich logisch, oder?" Karima meldete sich. „Man sollte schon aufpassen, die Gefühle der anderen nicht mit Füßen zu treten. Auch nicht die religiösen Gefühle." Hanna traute ihren Ohren nicht. Ihr wurde ganz heiß. Aus den Augenwinkeln bemerkte sie, dass Leon aufsah. 15

„Man muss aber sagen dürfen, wenn man findet, dass eine Religion schlechte Sachen macht", trumpfte sie auf. Leon meldete sich. „Was ist mit dem IS? Dem Islamismus? Das ist doch alles Mist, oder?" „Der Islamismus hat nichts mit dem Islam zu tun", wiegelte Sinan ab.

„Aber ohne den Islam gäbe es wohl auch keinen Islamismus", erwiderte 20 Hanna.

Silke, ein Mädchen mit einem blonden Bob und jeder Menge Make-up, warf ein: „Vielleicht verletzt es ja meine Gefühle, wenn ihr Muslime Frauen zwingt, ein Kopftuch zu tragen." „Niemand wird gezwungen!", warf Karima sofort ein. „Stimmt. Der Islam kennt keinen Zwang!", sagte Sinan. 25

„Das habe ich noch nicht festgestellt", protestierte Hanna mit einem weiteren Seitenblick auf Leon. „Im Iran müssen Frauen sich verschleiern und dürfen keine enge Kleidung tragen! Und alle behaupten, das steht im Koran." „Genau!", rief ein Junge dazwischen. „Da steht, dass die Frau dem Mann unterstellt ist." „Das steht allerdings auch in der Bibel", warf Herr Prechtl mit 30 einem Lächeln ein.

Ein Junge sagte: „Im Islam darf ein Mann aber sogar vier Frauen haben! Ich bin dafür, dass wir alle Muslime werden!"

Die Jungs lachten sich halb tot, während die Mädchen lautstark wider-sprachen. 35

„Moment, Leute, Moment!" Herr Prechtl hob beide Hände. „Hier werden jetzt zu viele Dinge in einen Topf geworfen! Wir sollten …"

Der Lärmpegel in der Klasse explodierte. Plötzlich hatte jeder seinen Senf beizutragen. Herr Prechtl hatte alle Mühe, einigermaßen die Ordnung wieder-herzustellen. […] 40

„… es ist nicht in Ordnung, den Propheten zu beleidigen", kam es von Sinan. „Definiere Beleidigung!", hielt Hanna dagegen. „Ist eine Zeichnung schon eine Beleidigung?" Sie sah
45 zu Leon rüber. Leon grinste sie an und hob den Daumen. Das Blut schoss in Hannas Gesicht. Ihr war jetzt richtig heiß. Sie könnte noch Stunden weiterdiskutieren.

„Der Prophet darf überhaupt nicht darge-
50 stellt werden", entgegnete Karima. „So sagt es der Koran."

„Was juckt mich dein Koran!", brachte Jan vor und grinste breit.

Karima widersprach: „Das ist respektlos." In dem Moment klingelte es.

‚Sie spinnt', dachte Hanna und blickte kopfschüttelnd auf Karima. ‚Sie spinnt total.'

Friederike Schmöe

M2

1. Lest M1 in verteilten Rollen und notiert anschließend die darin angesprochenen Konfliktthemen.

2. Die Diskussion in M1 gerät ein wenig aus den Fugen. Sammelt Gründe dafür. Erklärt, wo sich die Diskussionsteilnehmer falsch verhalten.

3. Setzt M1 in Beziehung zum Bild der Einstiegsseite des Kapitels auf ➲ S. 41.

4. Das Verhältnis zwischen Hanna und Karima scheint sehr angespannt zu sein (➲ S. 52, M3). Bereitet paarweise ein klärendes Gespräch zwischen den beiden vor. Entscheidet dafür vorher, welches Ergebnis das Gespräch haben soll. Spielt euch eure Dialoge anschließend vor (Szenisches Spiel).

5. Recherchiert im Internet zum Thema Meinungs- und Religionsfreiheit und erstellt zu beiden Themen eine Übersicht mit den gefundenen Informationen.

6. Sollte in den Medien aus Rücksicht auf das islamische Bilderverbot auf Abbildungen des Propheten verzichtet werden? Führt zu der Fragestellung eine Pro- und Kontra-Debatte durch. Nutzt dazu euer Wissen von ➲ S.46 f.

7. Erklärt mithilfe von M1 und dem Einstiegsbild des Kapitels ➲ S. 41, warum es offenbar nötig ist, dass Muslime wie in M2 auf die Straße gehen, um Vorurteile abzubauen. Würdet ihr den Mann ansprechen?

8. Gehe noch einmal eure Fragenliste aus ➲ S. 42, Aufgabe 5, durch. Überlege dir, welche dieser Fragen du gern einem Muslim stellen würdest, und ergänze deine Liste, wenn nötig. Ladet muslimische Mitschüler und Mitschülerinnen aus höheren Klassen zu euch in den Unterricht ein, um mit ihnen über eure Fragenliste zu sprechen.

9. Überlegt euch in Gruppen weitere Aktionen für eure Schule, bei denen Schülerinnen und Schüler unterschiedlicher Religionen miteinander ins Gespräch kommen können; zum Beispiel beim gemeinsamen Kochen traditioneller Gerichte, über das Thema Musik in der eigenen Religion usw. Organisiert einen bunten Abend für diese Aktionen.

1. Setzt das Bild in Beziehung zu den Textausschnitten von Hanna und Karima (➜ S. 52, M3; S. 58 f., M1) sowie zum Einstiegsbild des Kapitels, ➜ S. 41. Lasst die beiden Mädchen in einem Dialog erklären, wie sie füreinander Verständnis gewonnen haben.

2. Formuliert für eine ⧗ Thesenrallye Thesen, die inhaltlich von Islam und Christentum handeln. Nutzt dazu die Themen des Kapitels. Führt die Rallye durch und vertieft sie durch die Vorstellung der jeweils letzten These einer Gruppe.

3. Auf den ➜ Seiten 50 – 54 habt ihr die fünf Säulen des Islam kennengelernt. Gestaltet für jede der fünf Doppelseiten in Gruppen ein ⧗ Plakat für eine Ausstellung. Darauf sollte erklärt sein, worum es bei der Säule geht, ob und welche Parallelen es zum Christentum gibt und wie die Säule den Alltag eines Muslims oder einer Muslima beeinflusst.

wiedergeben

Ich kann die fünf Säulen des Islam erklären und ihre Auswirkungen auf das Leben eines Muslims / einer Muslima beschreiben. Ich erkenne Elemente des Islam im alltäglichen Leben und kann sie erklären.

deuten

Ich kann die Bedeutung des Propheten Mohammed für den islamischen Glauben deutlich machen und die Auswirkung des Islam im Alltag am Beispiel vorwiegend muslimischer Länder erläutern.

urteilen

Ich denke über kontroverse Themen im Zusammenhang mit dem Islam nach, kann vorgebrachte Argumente dazu kritisch beurteilen und in Diskussionen selbst auf angemessene Art und Weise Stellung beziehen.

kommunizieren

Ich kann mich über Gemeinsamkeiten und Unterschiede zwischen der christlichen und der muslimischen Religion austauschen.

4 Spieglein, Spieglein an der Wand

1. Beschreibt das Bild und deutet es.
2. Überlegt, was die Figur denkt. Formuliert ihre Wünsche und tauscht euch darüber aus, ob sie realistisch sind.
3. Denke im Stillen darüber nach, als was du dich gern sehen würdest.

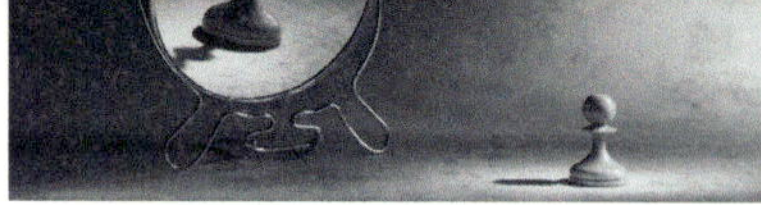

Spiegel

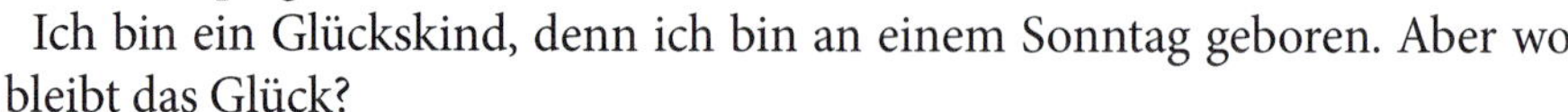

M1

Wer bin ich? Wozu bin ich auf der Welt? Bin ich das wirklich? Die da? Die Nana im Spiegel? Wirklich?

Ich bin ein Glückskind, denn ich bin an einem Sonntag geboren. Aber wo bleibt das Glück?

Nana blickt in den Spiegel. Lächelt sich an, zieht Grimassen, seufzt und lässt 5
sich auf den weißen Badezimmerteppich fallen. Das ist ihre „Weiße Wolke", ihre Insel. Sie hockt da und lackiert langsam ihre Nägel. Zehn rote, lackierte Zehennägel. Wie Glückskäfer sehen sie aus. Aber sie sehen nicht so aus, als könnten sie fliegen.

Und Glück, das könnte sie wirklich gebrauchen. Als Erstes läuft ihr Marius 10
weg. Obwohl sie wirklich alles getan hat. Aber der hat sie kaum angeschaut. Stattdessen dampfte er eines Tages ab mit Ina aus der Parallelklasse. Ihr hat es einen Stoß versetzt, dass sie in zwei Tagen zwei Kilo abnahm – und die anschließende Englischarbeit total verhaute. Dabei war Englisch eine ihrer wenigen Stärken. 15

Und damit ist sie bei Problem Nummer zwei: Schule: Sie steht so schlecht, sie kann ihre Versetzung nicht schaffen. Nur ein Wunder kann da noch helfen.

Elisabeth Zöller

M2

Was mir lange schwerfiel, war, die richtigen Posen zu meinen Charakteren zu finden. Dafür habe ich viel vor dem Spiegel geübt. […] 5

Wenn ich das Waldköniginkostüm trage, bewege ich mich ganz anders, aufrechter, mit erhobenem Kopf. Cosplay hat viel damit zu tun, dass man einen 10
Traum lebt. Man kann das sein, was man sonst nicht ist, und Eigenschaften austesten, die man auch gerne hätte; ich wäre gern eleganter und selbstsicherer, das 15
fällt mir leichter, wenn ich in einem Cosplay stecke.

Michéle Günthner

M3

verkehrt ...?!

Unsere Wünsche sind Vorgefühle der Fähigkeiten, die in uns liegen,
Vorboten desjenigen, was wir zu leisten imstande sein werden.

Johann Wolfgang von Goethe

Wünsche sind nie klug. Das ist sogar das Beste an ihnen.

Charles Dickens

Wirklich reich ist der, der mehr Träume in seiner Seele hat,
als die Wirklichkeit zerstören kann.

Hans Kruppa

Wenn das Leben keine Vision hat, nach der man strebt,
nach der man sich sehnt, die man verwirklichen möchte,
dann gibt es kein Motiv, sich anzustrengen,
gespannt zu sein, einer Vision nachzuleben.

Erich Fromm

Wenn du einen Menschen glücklich machen willst,
dann füge nichts seinem Reichtum hinzu,
sondern nimm ihm einige von seinen Wünschen.

Epikur von Samos

1. Sammelt, welche Wünsche und Sehnsüchte Nana (M1) hat und vergleicht sie anschließend mit euren Wünschen. Überlegt dann, ob diese erfüllt werden könnten und was ihr und Nana dafür tun müsstet.
2. Nana kommen beim Blick in den Spiegel viele Fragen. Tauscht euch darüber aus, warum solche Fragen wichtig sind und wie ihr sie beantworten würdet.
3. Erklärt, warum Michéle (M2, M3) Cosplay betreibt, und sammelt mögliche weitere Motive.
4. Cosplay – eine Möglichkeit der Selbstinszenierung, um Bestätigung zu erlangen, oder eine Flucht in die Fantasiewelt? Diskutiert die Frage und sammelt Vorteile sowie mögliche Gefahren des Cosplays.
5. Man kann sich auch online virtuell inszenieren, z. B. indem man bestimmte Bilder postet oder entsprechende Beiträge kommentiert und teilt. Denke darüber nach, wie du dich online darstellst und was du dadurch ausdrücken möchtest. Gelingt deine Inszenierung? Tausche dich anschließend mit einem Partner oder einer Partnerin darüber aus.
6. Lest M4 und tauscht euch anschließend über die Begriffe „Wünsche", „Träume" und „Visionen" aus. Findet Gemeinsamkeiten sowie Unterschiede und haltet diese schriftlich fest.
7. Die Zitate (M4) geben verschiedene Meinungen wieder. Findet bei einer Thesenrallye Argumente für und gegen diese Meinungen.

Medien – Vorbild, Hilfe oder Plage?

M1

M2

Influencer sind vor allem junge Leute […]. Sie lassen ihre Abonnenten in Form von Bildern und kurzen Videos an ihrem Alltag teilhaben. Die Netzwerker zeigen, wie sie durch Fitness und gesunde Ernährung einen flachen Bauch bekommen haben, welche Deko-Elemente in eine hippe Wohnung gehören oder wie sie ihre Haare für die nächste Party stylen. Eine persönliche Note bekommen die Postings durch direkte Interaktion mit den Fans. Ratschläge, Tipps und aufmunternde Worte reihen sich in den Kommentaren aneinander. Vor allem bei der jungen Zielgruppe schafft der digitale Austausch, den Idole mit ihren Fans zelebrieren, Vertrauen und vermeintliche Nähe.

Firmen und PR-Agenturen wissen dieses enge Verhältnis für sich zu nutzen. Sie bezahlen Influencer für Produktplatzierungen. „In keinem anderen Medium sind Unternehmen so nah dran am Konsumenten wie in sozialen Netzwerken", erklärt Felix Beilharz, Online-Marketing-Experte aus Köln […]. „In einer Welt, die immer mehr von Werbung überflutet wird, genießen Influencer noch die wichtigsten Eigenschaften: Reichweite und Vertrauen", sagt Beilharz.

Eva Orttenburger

M3

Bei Vorbildern ist es unwichtig, ob es sich dabei um einen großen toten Dichter, um Mahatma Gandhi oder um Onkel Fritz aus Braunschweig handelt, wenn es nur ein Mensch ist, der im gegebenen Augenblick ohne Wimpernzucken gesagt oder getan hat, wovor wir zögern.

M4

Erich Kästner

1. Betrachtet M1. Tauscht euch darüber aus, welche Informationen man der Zeichnung entnehmen kann, und überlegt, was das mit den Wünschen der Jugendlichen zu tun hat.

2. Sucht paarweise im Internet nach Selfies, die euch gefallen. Erstellt daraus Tipps für ein gelungenes Selfie und stellt eure Ergebnisse der Klasse vor. Diskutiert davon ausgehend, welche Schönheitsideale es in unserer Gesellschaft gibt, und nehmt kritisch dazu Stellung.

3. Wähle eines der Selfies aus Aufgabe 2 und bearbeite es mit einer Bildbearbeitungssoftware so, dass du möglichst viele Likes bekommen würdest. Überlege genau, welche Aspekte des Originalbildes du verändern willst und welche nicht. Stellt eure Ergebnisse in der Klasse vor und erläutert eure Überlegungen.

4. Der Begriff „Influencer" stammt aus dem Englischen und bedeutet wörtlich übersetzt „Beeinflusser". Nimm mithilfe von M2 schriftlich Stellung dazu, ob die Bezeichnung passend ist. Tausche dich anschließend mit deiner Nachbarin/deinem Nachbarn darüber aus und tragt euer Ergebnis in die Klasse (6 Think – Pair – Share).

5. Recherchiert im Internet, in welchen Bereichen Influencer werben, welche dieser Kategorien besonders beliebt sind und welche Sehnsüchte und Wünsche der Mediennutzer sie ansprechen.

6. Erstellt in Gruppen eine digitale Präsentation über ein Idol aus den Medien. Führt die Präsentation der Klasse vor. Zeigt einen Beitrag dieser Person in den sozialen Medien und untersucht kritisch, ob und auf welche Art der Beitrag die Zuschauer beeinflussen soll.

7. Deutet die Karikatur M3. Tauscht euch anschließend über den Einfluss der Werbung aus.

8. Untersuche Werbeprospekte oder -clips darauf, welche Wünsche sie wecken wollen, und gestalte dazu eine Collage.

9. Tauscht euch in der Klasse darüber aus, ob Influencer Vorbilder im Sinne von Erich Kästner sind (M4).

10. Berichtet von euren Vorbildern und erklärt, was sie für euch zum Vorbild macht. Geht dabei auch darauf ein, ob Vorbilder perfekt sein müssen.

11. Für die Cosplayerin Michéle ist die Waldkönigin ein Vorbild (S. 62, M2/M3). Sammelt ausgehend von diesem Beispiel in Gruppen positive und negative Wirkungen von Vorbildern und stellt euer Ergebnis der Klasse vor.

Sehn-Sucht

Vor mir liegt diese trügerisch ruhige Szene. Kein Lufthauch lässt die Millionen Blätter in den Bäumen tanzen. Doch mir ist, als wäre eben eine ganze Welt zusammengebrochen. 5

Meine Welt. Noch nie war ich der Auffassung, dass ich mein Leben fester im Griff gehabt hatte, als es eben in letzter Zeit 10 der Fall war. Alles glaubte ich kontrollieren zu können.

Noch nie glaubte ich, der Welt offener gegenüberzustehen. Ich habe mich maßlos getäuscht. In 15 Wirklichkeit war ich nie verschlossener, nie introvertierter,

nie egozentrischer, nie einsamer gewesen als gerade in diesen letzten Wochen und Monaten. Eine scheinbar heile Welt habe ich mir aufgebaut, weil ich im Grunde wusste, dass meine Welt auf sehr wackligen Füßen stand. Ich habe 20 mir vorgelogen, wie schön und in Ordnung doch alles sei, weil ich wusste, dass eigentlich gar nichts in Ordnung ist.

Und doch: Wie glücklich müsste ich eigentlich sein? Ich habe alles, was man sich wünschen kann. Wir sind wohlhabend. Ohne große Entbehrungen können wir uns Reisen in ferne Länder, andere Erdteile leisten. Wir leben in 25 einem schönen großen Haus mit einem schönen großen Garten. Eine gesicherte Ausbildung liegt vor mir. Ich habe viele Hobbys. Langeweile habe ich nie kennengelernt. Mir fehlt es an nichts.

An nichts? Ich fühle mich leer, unausgefüllt und oberflächlich. Ich habe das Gefühl, mein Leben bisher sinnlos vergeudet zu haben. 30

Annette Schlipper

1. Beschreibt das Foto M1 und deutet es.

2. Tauscht euch darüber aus, was die Person in M1 am Computer so anziehend finden könnte, dass sie sich freiwillig in Ketten legen lässt.

3. M2 ist ein Ausschnitt aus dem Buch „Gewitter im Bauch", das den Verlauf einer Magersucht schildert. Woran erkennt Annette, dass sie süchtig ist? Erklärt die Ursachen für ihre Sucht. Was hat sie sich bei ihrer Flucht in die Sucht erhofft?

4. „Annette hat doch alles, was sie braucht – Geld, Haus, Urlaub, Ausbildung. Die braucht ja nun wirklich nicht unzufrieden zu sein!" Diskutiert diese Aussage.

5. Analysiere, wie in M3 Sucht dargestellt wird. Beziehe anschließend die Informationen aus der Info M4 auf die Darstellung in M3.

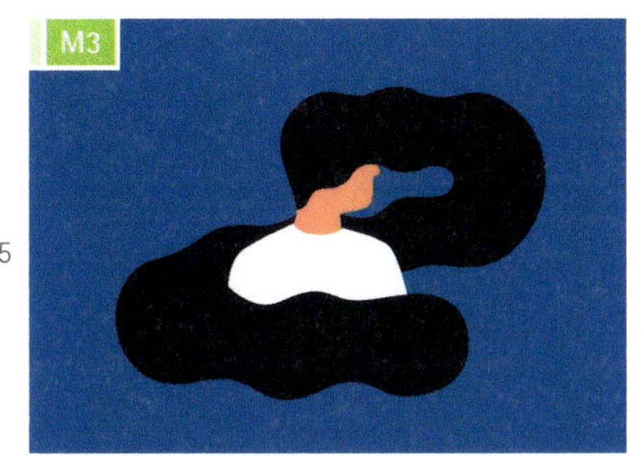

Das Wort „Sucht" leitet sich von dem Verb „siechen" ab, was bedeutet, dass man an einer Krankheit leidet. Man unterscheidet zwei Formen dieser Krankheit:

5 Ist man von einer süchtig machenden Substanz (Tabakwaren, Alkohol, Drogen, Essen usw.) abhängig, spricht man von stoffgebundener Sucht.

10 Bei der stoffungebundenen Sucht werden gewisse Verhaltensweisen zwanghaft ausgeführt (z. B. Kauf-, Spiel- und Computersucht).

Es gibt viele Faktoren für die Entstehung dieser Suchtformen, wie z. B. Einsamkeit, Langeweile, das soziale Umfeld oder verschiedene Probleme.

Beide Formen führen zu einer psychischen Abhängigkeit, die nur durch 15 eine langwierige Therapie überwunden werden kann. Kennzeichnend für die Abhängigkeit sind ein immer stärker werdendes Verlangen nach der berauschenden Substanz oder der befriedigenden Handlungsweise, eine Dosissteigerung sowie das Vernachlässigen anderer Menschen oder Interessen, obwohl man um die negativen Folgen weiß. Manche stoffgebundenen Drogen 20 können auch zu einer körperlichen Abhängigkeit führen. Ohne die Substanz erleidet man heftige Entzugserscheinungen wie Übelkeit oder Schwitzen. Diese können meistens nach einiger Zeit überwunden werden oder z. B. durch die Gabe von Ersatzstoffen medizinisch therapiert werden.

6. M3 stammt aus dem Internetauftritt der Diakonie Deutschland. Recherchiere online, welche Hilfsangebote die Diakonie für Suchtkranke hat. Mehr über die Diakonie erfährst du in ➜ Kapitel 5.

7. Annette aus M2 könnte bei der Telefonseelsorge Hilfe suchen, aber sie traut sich nicht, dort anzurufen. Informiere dich in ➜ Kapitel 5, S. 86f., über das Angebot der Telefonseelsorge und schreibe Annette einen ermutigenden Brief, sodass sie ihre Hemmungen überwinden kann.

8. Schreibt in Gruppen die Krankheitsgeschichte eines Computersüchtigen auf (Ursachen, Symptome, Folgen). Bezieht die Informationen aus M4 mit ein und recherchiert im Internet über Symptome und Folgeerkrankungen der Computersucht.

9. Denke über dein eigenes Computer- bzw. Internetverhalten nach. Wie viel Zeit verbringst du am PC oder im Internet? Vernachlässigst du deswegen etwas? Kannst du dein Nutzungsverhalten kontrollieren?

10. Überlegt euch in Partnerarbeit Möglichkeiten, um das eigene Computer- oder Internetverhalten zu kontrollieren und, falls notwendig, einzuschränken.

11. Halte ein  Referat und erstelle eine dazu passende digitale Präsentation über Essstörungen oder eine Sucht, z. B. nach Alkohol, Nikotin, Drogen, Medikamenten, über Kauf- oder Spielsucht. Gehe dabei insbesondere auf Ursachen, Symptome, Folgen und mögliche Hilfsangebote ein. Die Klasse gibt dir nach dem Vortrag Feedback.

Gott hält den Spiegel vor

M1

WENN DU DA BIST
Wenn du mich ansiehst,
scheint die Sonne.
Wenn du mich ansiehst,
bin ich schön.
Wenn du mich ansiehst,
bin ich gut.
Wenn du mich ansiehst,
bin ich ich.

Wenn du nicht da bist,
wird es dunkel.
Wenn du nicht da bist,
wird es kalt.
Wenn du nicht da bist,
bin ich alt.
Wenn du nicht da bist,
bin ich nichts.

M2

Du machst mich lachen,
machst mich weinen,
machst mich zu einem,
deinem Spiegel,
deinem Du.

Geraldine Lindemann-Stein

M3

Ein Gott heißt das, dazu man sich versehen soll alles Guten und Zuflucht haben in allen Nöten; also dass einen Gott haben nichts anders ist, denn ihm von Herzen trauen und glauben; wie ich oft gesagt habe, dass allein das Trauen und Glauben des Herzens beide macht, Gott und Abgott. […] Worauf du nun (sage ich) dein Herz hängst und verlässest, das ist eigentlich dein Gott.

Martin Luther

1. Beschreibt die Beziehung der Schülerin, die M1 gezeichnet hat, zu ihrem Smartphone. Stelle dich im Anschluss selbst in einer Zeichnung mit deinem Smartphone dar. Tauscht euch über eure Darstellungen aus.

2. Lest das Liebesgedicht M2. Wer ist „du"? Bezieht das Gedicht dann auf M1 und beschreibt, was sich ändert.

3. Diskutiert, ob eine Liebesbeziehung zu einem Menschen, wie sie in M2 beschrieben wird, der Person auf ➜ S. 66, M2 helfen könnte.

4. Erinnert euch an die Zehn Gebote. Bezieht die Schülerzeichnung M1 und das Liebesgedicht M2 auf Martin Luthers Auslegung des ersten Gebots in M3.

M4

¹³ Wer von diesem Wasser trinkt, den wird wieder dürsten;
¹⁴ wer aber von dem Wasser trinkt, das ich ihm gebe, den wird in Ewigkeit nicht dürsten, sondern das Wasser, das ich ihm geben werde, das wird in ihm eine Quelle des Wassers werden, das in das ewige Leben quillt.

Johannes 4,13–14

M5

Sieger Köder: Frau am Jakobsbrunnen (1991)

5. Erklärt, was Jesus in M4 mit „Wasser" meint. Nutzt dazu euer Wissen über Gleichnisse aus der 6. Klasse.

6. Lies M4 in seinem Kontext Joh 4,1–19 in der Bibel nach. Suche anschließend die im Text genannten Regionen auf einer passenden Landkarte in der Bibel. Erinnere dich daran, was Samariter sind, und schlage den Begriff im Lexikon nach.

7. Tragt zusammen, welche Sehnsüchte die Samariterin in Joh 4,1–19 hat und wie sie diese bisher gestillt hat.

8. Erklärt, wie Jesus den Durst der Samariterin stillt. Betrachtet dazu auch das Bild M5 und deutet es.

9. Sowohl das Einstiegsbild des Kapitels, ➲ S. 61, als auch M5 zeigen Sehnsüchte. Vergleicht beide miteinander und überlegt, ob die Sehnsucht nach etwas Gutem dennoch gefährlich werden kann.

10. Denke darüber nach, welche „Quellen" du in deinem Leben hast und wie du deinen „Durst" stillst.

11. Bereitet arbeitsteilig mithilfe der Materialien M3 bis M5 eine Andacht zum Thema „Lebendiges Wasser" vor und feiert sie gemeinsam.

12. Das Gedicht M2 könnte man auch als an Gott gerichtetes Liebesgedicht lesen. Denke darüber nach, ob die zweite Strophe dann noch passt, und beziehe das Gedicht auf das Bild M5.

13. Diskutiert, ob der Glaube an Gott bei der Bekämpfung einer Sucht helfen kann.

14. Überlegt in Gruppen, wie ein kirchliches Hilfsangebot gestaltet sein muss, damit ein Süchtiger es annimmt, und schreibt anschließend eine Antwort auf den Hilferuf in M1. Bezieht dabei M3 und M4 ein.

Wegweiser zu Gott und mir

M1 Ich liebe den Satz Dietrich Bonhoeffers: Es gibt erfülltes Leben trotz vieler unerfüllter Wünsche. Er ermutigt, sich nicht auf die Erfüllung von Wünschen zu versteifen. Und dabei möglicherweise das viele andere Erfüllende nicht mehr wahrzunehmen. Oder blind zu werden für die wunderbaren Alternativen, wie sich Wünsche auch erfüllen können. 5

Wünsche, die sich – noch – nicht erfüllt haben, lassen uns in einer gewissen Lebensspannung. Hast du dir schon einmal überlegt, wie es wäre, wenn alle deine Wünsche erfüllt wären? Ganz sicher wäre es eines – total langweilig!

Ein Lehrer wünschte uns Schülern zum Geburtstag immer, dass alle unsere Wünsche in Erfüllung gehen sollten, bis auf einen. Darüber habe ich immer 10 wieder nachgedacht. Er hatte eine tiefe Lebensweisheit erkannt: Wunschlos glücklich zu sein birgt die Gefahr, glücklos wunschlos zu sein.

Dass wir uns nach etwas sehnen, gehört zu unserem Wesen. Dass dieses Sehnen in dieser Welt nie ganz gestillt sein wird, liegt in der Natur des Menschseins. Unerfüllte Wünsche sind auch immer Wegweiser hin zu Gott, der Ur- 15 sprung und Ziel all unserer Sehnsucht ist. Und der unser Herz erfüllen will.

Kerstin Hack und Andrea Specht

Lothar Scheffler:
Himmelsöffnung

M3

Was ist Gebet?
Des Glaubens Flügel,
Der Liebe Spiegel,
Der Tugend Siegel,
Der Hoffnung Saat
In Gott gesät:
Das ist Gebet.

Franz Schubert

1. Alle Wünsche erfüllt – denkt darüber nach, wie dieses Leben sein würde.
2. Erklärt mithilfe von M1 das darin enthaltene Zitat von Dietrich Bonhoeffer und überlegt, wie man sinnvoll mit unerfüllten Wünschen umgehen kann.

Wie groß ist doch die Macht des Gebets! Man könnte es mit einer Königin vergleichen, die immer freien Zutritt zum König hat und alles erlangt, worum sie bittet. Es ist durchaus nicht nötig, ein schönes, für den entsprechenden Fall formuliertes Gebet aus einem Buch zu lesen, um Erlösung zu finden.

5 Ich sage Gott ganz einfach, was ich ihm sagen will, ohne schöne Worte zu machen, und er versteht mich. Für mich ist das Gebet ein einfacher Blick zum Himmel, ein Ruf der Dankbarkeit und der Liebe, aus der Mitte der Mühsal wie aus der Mitte der Freude. Es ist etwas Großes, das mir die Seele weitet und mich mit Jesus vereint.

Therese von Lisieux

Das Gebet,
das ein Mensch mit aller seiner Kraft leistet,
hat eine große Kraft.

Es macht ein sauer Herze süß, ein traurig Herze froh,
5 ein armes Herze reich, ein dummes Herze weise,
ein ängstliches kühn, ein krankes Herze stark,
und ein blindes sehend und eine kalte Seele brennend.

Es zieht den großen Gott hernieder
in ein kleines Herz
10 und treibt die hungrige Seele hinauf
zu dem reichen Gott.

Mechthild von Magdeburg

3. Stellt die Gebetshaltung der Skulptur in M2 nach. Beschreibt, wie sich die Haltung anfühlt, und setzt sie in Bezug zum Titel „Himmelsöffnung".

4. Wünsche als Wegweiser zu Gott (M1). Sammelt Wünsche, die zur Gebetshaltung in M2 passen. Probiert anschließend weitere Gebetshaltungen aus und berichtet, in welchen Situationen bzw. bei welchen Wünschen man diese Haltungen einnehmen würde und was man damit ausdrückt. Eine Anregung können auch die Gebetshaltungen aus dem Islam, ➜ S. 51, bieten.

5. Was ist Gebet? Tauscht euch über die Antworten in M3 in einer 🧩 Thesenrallye aus und nutzt dazu auch euer Wissen aus ➜ Kapitel 1. Setzt die Reihe anschließend mit euren eigenen Ideen fort.

6. Gebet als Spiegel der Liebe (M3). Bezieht diese Vorstellung auf das Bild von der Frau am Jakobsbrunnen (➜ S. 69, M5).

7. Wie und wann betet man? Berichtet von euren Erfahrungen und bezieht auch die Gedanken von Therese von Lisieux (M4) mit ein.

8. Und wenn ich keine eigenen Worte zum Gebet finde? Stellt in Gruppen eine Gebetssammlung mit Psalmversen zu traurigen und fröhlichen Anlässen zusammen. Die fettgedruckten Verse in den Psalmen können euch helfen. Bei welchem Anlass würdet ihr das Vaterunser (➜ S. 22, M3) beten?

9. Beschreibt, welche Wirkung das Gebet auf die Frauen in M4 und M5 hat. Berichtet von eigenen Erfahrungen mit der Macht des Gebets.

10. Erfüllt Gott alle Wünsche? Lest dazu Lk 11,9–13 und erklärt genau, was Gott dem Bittenden gibt. Untersucht, ob das auch zu den Aussagen in M4 und M5 passt.

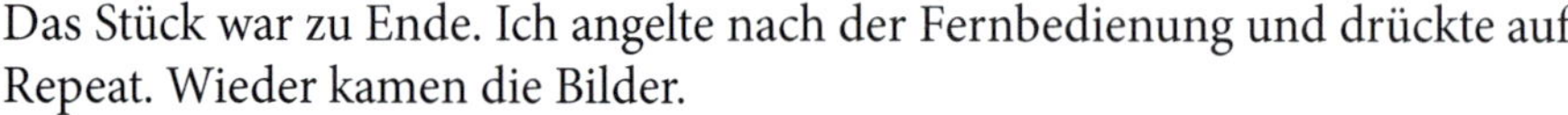

Wünsche für eine bessere Welt

 M1

Das Stück war zu Ende. Ich angelte nach der Fernbedienung und drückte auf Repeat. Wieder kamen die Bilder.

Ich wusste sofort: Hier auf diesem Planeten war mein Platz. Auf der Erde war ich unglücklich gewesen. Dort gab es so viel Leid, so viel Kummer, so viel Gier. Hier herrschten Frieden und Harmonie. Hier würde ich glücklich sein. 5

Ich stieg aus dem Raumschiff und trat in die Sonne, die vom wolkenlos blauen Himmel schien. Die Wärme war wie eine Liebkosung. Obwohl ich spürte, dass der Planet nicht feindlich war, überprüfte ich den Sonneneinfall mit meinem UV-Messgerät. Die Strahlung lag im unteren Toleranzbereich. Hier konnte ich stundenlang herumgehen ohne Angst vor Sonnenbrand und 10 Hautkrebs. Mein Raumschiff war auf einer kleinen Lichtung gelandet. Auf der Wiese blühten Blumen von nie gesehener Schönheit. Sie sahen aus wie wundervolle Orchideen und ihr Duft war unbeschreiblich süß. Der Planet, der nicht in den Sternkarten verzeichnet war, hatte noch keinen Namen und deswegen taufte ich ihn ORCHIDEA. 15

Ich liebte ORCHIDEA vom ersten Augenblick an. Die Luft war von unglaublicher Reinheit. Mitten auf der Wiese plätscherte ein kleiner Bach. Das Wasser war so klar, dass ich bis auf den Grund sehen konnte. [...]

Ich schöpfte das Wasser mit beiden Händen und trank. Es schmeckte prickelnd und erfrischend. Ich spürte, wie alle Müdigkeit von mir abfiel. Aber 20 nicht nur die Müdigkeit, sondern auch alles andere: alle Sorgen, aller Schmerz. Ich fühlte mich wie neugeboren auf ORCHIDEA.

Die Stereoanlage rauschte. Unwillig öffnete ich die Augen. Ich war leider nicht auf ORCHIDEA, sondern nur auf der blöden, beschissenen Erde, wo der Tierarzt Timothy nicht helfen konnte, wo Mama Zoff mit Papa hatte und 25 wo ich Jens in Zukunft aus dem Weg gehen musste.

Und Hausaufgaben musste ich auch noch machen, verdammt!

Marliese Arold

1. Beschreibe, welche Zustände in der Welt die Person in M1 schlecht findet und wie sie sich eine bessere Welt auf ORCHIDEA erträumt.

2. Schreibe die Vorstellung von ORCHIDEA (M1) weiter. Formuliere dazu, was du dir noch für eine bessere Welt erhoffen würdest. Tauscht euch anschließend in der Klasse darüber aus.

3. Deutet das Hoffnungsbild M2 mithilfe der Bibelstelle M3 und erklärt, welche Hoffnung ausgedrückt werden soll. Geht dabei auch auf die Nacktheit der Menschen ein. Erinnert euch dazu an die biblische Schöpfungserzählung, die ihr in der 5. Klasse kennengelernt habt.

4. Erstelle zu M3 eine Wortcollage.

5. Erinnere dich an die Messiasvorstellung der Juden, die du letztes Jahr kennengelernt hast. Vergleiche die Wünsche des Volkes Israels mit deinen aus Aufgabe 2.

6. Setzt in Gruppen eure Vision von einer besseren Welt kreativ um. Erstellt z.B. eine Collage, eine Sprechmotette, ein Szenisches Spiel oder ein Hörspiel.

Ulrich Leive: Jesaja – Bild 10, Der 1000-jährige Friede 2

⁶ Da wird der Wolf beim Lamm wohnen und der Panther beim Böcklein lagern. Kalb und Löwe werden miteinander grasen, und ein kleiner Knabe wird sie leiten.

⁷ Kuh und Bärin werden zusammen weiden, ihre Jungen beieinanderliegen, und der Löwe wird Stroh fressen wie das Rind.

⁸ Und ein Säugling wird spielen am Loch der Otter, und ein kleines Kind wird seine Hand ausstrecken zur Höhle der Natter.

⁹ Man wird weder Bosheit noch Schaden tun auf meinem ganzen heiligen Berge; denn das Land ist voll Erkenntnis des HERRN, wie Wasser das Meer bedeckt.

Jesaja 11,6–9

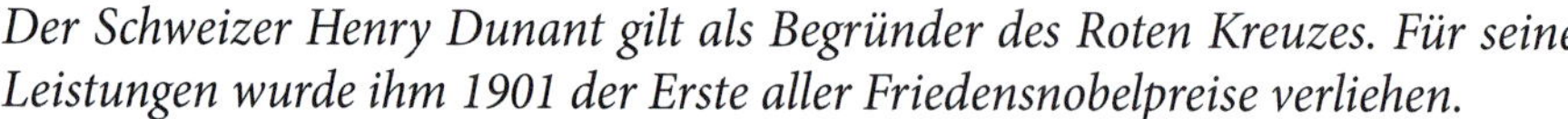

Zukunft gestalten

Der Schweizer Henry Dunant gilt als Begründer des Roten Kreuzes. Für seine Leistungen wurde ihm 1901 der Erste aller Friedensnobelpreise verliehen.

Dunant wurde am 28. Mai 1828 in Genf geboren. Er entstammt einer wohlhabenden, streng christlich und sozial geprägten Familie. Zum einschneidenden Erlebnis im Leben des jungen Mannes Henry Dunant, der Bankkaufmann geworden war, wurde die Schlacht von Solferino 1859. In diesem Kriegsgemetzel kämpfte das Heer Napoleons III. zusammen mit italienischen Truppen gegen die Armee der Habsburger, die in Mitteleuropa den mächtigen österreichischen Vielvölkerstaat regierten. Auf beiden Seiten standen sich jeweils über hunderttausend Soldaten gegenüber.

Dunant war ganz zufällig zu der Schlacht gestoßen. Eigentlich wollte er in Italien den französischen Kaiser Napoleon III. treffen, um von diesem Unterstützung für seine geschäftlichen Vorhaben in Algerien zu erhalten. Für eine von ihm gegründete Mühlengesellschaft benötigte er in dem von Frankreich unterworfenen Kolonialgebiet bestimmte Landrechte. Statt auf den Kaiser traf er auf die Opfer der Schlacht von Solferino. Er sah, wie die jungen Männer beider Seiten zu Tausenden an ihren Verletzungen starben, weil nach dem Kampf niemand in der Lage war, sich um sie zu kümmern. Auf eigene Faust begann Dunant daher, Sanitätsdienste zu organisieren. Es war eine Schlacht ohne Waffen.

Zurück in seiner Heimat ließen ihn seine Erinnerungen an die sterbenden Soldaten, das entsetzliche Leid auf dem Schlachtfeld nicht los. Er verfasste darüber ein Buch mit dem Titel *Eine Erinnerung an Solferino*. Dieses ließ er auf eigene Kosten drucken und schickte es an die wichtigsten Politiker und Militärs in Europa. Verbunden damit war seine Idee, eine Gesellschaft zu gründen, die sich unabhängig von äußeren Einflüssen um die Opfer von Kriegen kümmern würde.

Tatsächlich hatte Dunant Erfolg, und es kam am 22. August 1864 zur Unterzeichnung der Genfer Konvention und damit zur Gründung des Roten Kreuzes. Zwölf Staaten unterschrieben den Beschluss, in dem festgelegt wurde, wie künftig die Versorgung von Kriegsverwundeten vonstatten zu gehen habe. Den Vertretern des Roten Kreuzes (und auch den Verwundeten selbst) wurde Neutralität zugesichert, sodass diese sich gefahrlos im Kriegsgeschehen betätigen konnten. Zur Kennzeichnung wurde die weiße Armbinde mit dem roten Kreuz vereinbart – eine Umkehrung der Schweizer Flagge.

Andreas Venzke

 Briefmarke von 1952

Felix Finkbeiner war gerade einmal neun Jahre alt, als er in seiner Grund-schule in Tutzing ein Referat über die Klimakrise hielt. Am Ende das Referats äußerte er die Vision, Kinder könnten in jedem Land der Erde eine Million Bäume pflanzen. Jeder gepflanzte Baum entzieht nämlich der Atmosphäre
5 durchschnittlich drei Tonnen CO_2. Damit war die Initiative *Plant for the Planet* geboren und schon wenige Wochen später, am 28. März 2007, pflanzte er mit seinen Mitschülerinnen und Mitschülern den ersten Baum.

In den folgenden Jahren stellte Felix seine Vision auf wichtigen Klimakonferenzen vor. So entwickelte
10 sich *Plant for the Planet* zu einem internationalen Netzwerk mit dem weltweiten Slogan „Stop talking. Start planting." – „Nicht reden, pflanzen." Ziel ist es, die Emission von Treibhausgasen zu reduzieren und Klimagerechtigkeit zu schaffen, indem man
15 die Emissionen einheitlich auf alle Menschen ver-teilt.

Das Plakat zeigt links Felix Finkbeiner und rechts Peter Maffay.

1. Lies M1 genau und fasse den Text stichpunktartig zusammen.
2. Schreibe zu der Briefmarke (M2) einen begleitenden Text, der erklärt, warum Henry Dunant als „Helfer der Menschheit" gesehen werden kann.
3. Henry Dunant (M1, M2) wurde christlich erzogen. Finde christliche Motivationen in seinem Handeln.
4. Lies M3. Überlege davon ausgehend, welche Fähigkeiten und Begabungen Felix für die Umsetzung seiner Vision brauchte.
5. Denke darüber nach, welche Fähigkeiten du hast und wie du diese für einen guten Zweck einsetzen kannst. Tausche dich mit einer Partnerin / einem Partner darüber aus.
6. Deutet das Werbeplakat M4.
7. Sammelt in Gruppen Missstände in der Welt und findet für einen Missstand eine mögliche Lösung. Überlegt genau, welchen Beitrag ihr dazu leisten könnt, und gestaltet dazu ein Plakat.
8. Neben Henry Dunant und Felix Finkbeiner gibt es viele andere Menschen, die als Einzelne die ganze Welt beeinflusst haben, z.B. Albert Schweitzer, Hermann Gmeiner, Martin Luther King, Nelson Mandela, Mahatma Gandhi, Mutter Teresa, die Mitglieder der Weißen Rose oder Dietrich Bonhoef-fer. Halte ein Referat über eine dieser Personen und erstelle eine dazu passende digitale Präsentation. Die Klasse gibt dir nach dem Vortrag Feedback.

1. Deutet die Karikatur. Erklärt genau, was sie über Wünsche und den Umgang mit ihnen ausdrückt.

2. Stell dir vor, der Mann in der Karikatur könnte der Schachfigur auf dem Einstiegsbild (➲ S. 61) begegnen. Schreibe einen Dialog, in dem die Figur berichtet, wie Medien und Vorbilder ihre Wünsche beeinflusst haben, und der Mann erklärt, wie man mit diesen sinnvoll umgeht. Gehe dabei auch darauf ein, wie der christliche Glaube eine Hilfe sein kann.

3. Erläutert, wie sich der Mann in der Karikatur anders verhalten würde, wenn seine Sehnsucht in eine Sucht umschlagen würde.

4. Erkläre, warum sich die Karikatur als Werbeplakat für die Initiative „Plant for the Planet" von Felix Finkbeiner ➲ S. 75, M3, eignen würde. Schreibe einen motivierenden Begleittext zum Werbeplakat, in dem auch deine eigene Vision für eine bessere Welt deutlich wird.

wiedergeben

Ich kann den Zusammenhang zwischen Sucht und Sehnsucht sowie den Verlauf einer Sucht an einem Beispiel erklären.

deuten

Ich erkenne, in welchem Verhältnis Wünsche und Sehnsüchte einerseits sowie Medien und Vorbildern andererseits stehen.

urteilen

Ich beurteile den Einfluss von Medien auf Wünsche und Visionen und denke darüber nach, welche Impulse der christliche Glaube für den Umgang mit diesen Sehnsüchten geben kann.

kommunizieren

Ich tausche mich über biblische und nichtbiblische Visionen von einer besseren Welt aus und kann meinen eigenen Wünschen, Träumen und Sehnsüchten in Wort oder Bild Ausdruck verleihen.

5 Einander stützen

1. Alle Personen auf dem Bild müssen auf die andere Seite des Hindernisses. Erklärt das dargestellte Vorgehen. Überlegt anschließend, inwiefern die Personen aufeinander angewiesen sind.
2. Stütze sein und gestützt werden. Findet für beides Beispiele im Alltag. Diskutiert, was von beidem einfacher ist.
3. Denke im Stillen darüber nach, wo du schon einmal eine Stütze warst oder gestützt wurdest. Wie hat sich das angefühlt? Tausche dich im Anschluss mit einem Partner oder einer Partnerin darüber aus. Tragt die Ergebnisse in die Klasse (🧩 Think – Pair – Share).

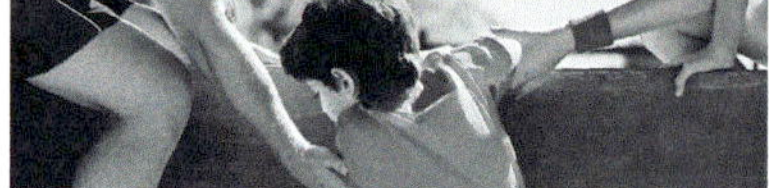

Viele kleine Helferlein

1. Findet im Wimmelbild (M1) Situationen, in denen Menschen einander helfen oder Hilfe bräuchten.
2. Stell dir deinen Straßenzug vor. Wo findest du Menschen, die Hilfe brauchen?

3. Sammelt weitere Beispiele von Hilfsbedürftigkeit und Not in eurem Lebensumfeld, z. B. in der Schule, in der Familie oder im Freundeskreis. Überlegt, wie man helfen könnte.

Faule Ausreden?

Harm Bengen (2016)

M2 **Der Blinde und der Lahme**

Von ungefähr muss einen Blinden
ein Lahmer auf der Straße finden,
und jener hofft schon freudenvoll,
dass ihn der andre leiten soll.

„Dir", spricht der Lahme,
„beizustehen?
Ich armer Mann kann selbst
nicht gehen;
doch scheint's, dass du zu einer Last
noch sehr gesunde Schultern hast.

Entschließe dich, mich fortzutragen,
so will ich dir die Stege sagen:
So wird dein starker Fuß mein Bein,
mein helles Auge deines sein."

Der Lahme hängt mit seinen Krücken
sich auf des Blinden breiten Rücken.
Vereint wirkt also dieses Paar,
was einzeln keinem möglich war.

Du hast das nicht, was andre haben,
und andern mangeln deine Gaben;
aus dieser Unvollkommenheit
entspringet die Geselligkeit.

Wenn jenem nicht die Gabe fehlte,
die die Natur für mich erwählte,
so würd er nur für sich allein
und nicht für mich bekümmert sein.

Beschwer die Götter nicht mit Klagen!
Der Vorteil, den sie dir versagen
und jenem schenken, wird gemein[1],
Wir dürfen nur gesellig sein.

Christian Fürchtegott Gellert

[1] der Vorteil wird gemein: zum gemeinsamen Vorteil

1. Deutet die Karikatur M1.
2. Diskutiert, ob Spenden helfen.
3. Sammelt faule Ausreden, die Menschen verwenden, damit sie nicht helfen müssen. Überlegt euch anschließend echte Gründe, warum man nicht helfen kann. Tauscht euch darüber aus.
4. Lest das Gedicht M2 und erklärt, was der Verfasser damit ausdrücken möchte. Überlegt euch im Anschluss weitere Situationen, in denen Menschen mit Behinderung helfen können.
5. Stellt die Situation in M2 nach. Verbindet dazu zwei Personen, die eine dritte Person gemeinsam tragen, die Augen und lauft einen Parcours. Berichtet von euren Erfahrungen.

Refrain:
Gut, dass wir einander haben,
gut, dass wir einander sehn,
Sorgen, Freuden, Kräfte teilen
und auf einem Wege gehn.
Gut, dass wir nicht uns nur haben,
dass der Kreis sich niemals schließt
und dass Gott, von dem wir reden,
hier in unsrer Mitte ist.

Keiner, der nur immer redet;
keiner, der nur immer hört.
Jedes Schweigen, jedes Hören,
jedes Wort hat seinen Wert.
Keiner widerspricht nur immer,
keiner passt sich immer an.
Und wir lernen, wie man streiten
und sich dennoch lieben kann.

Refrain: Gut, dass wir …

Keiner, der nur immer jubelt;
keiner, der nur immer weint.
Oft schon hat uns Gott in unsrer
Freude, unsrem Schmerz vereint.
Keiner trägt nur immer andre;
keiner ist nur immer Last.
Jedem wurde schon geholfen;
jeder hat schon angefasst.

Refrain: Gut, dass wir …

Keiner ist nur immer schwach,
und keiner hat für alles Kraft.
Jeder kann mit Gottes Gaben
das tun, was kein andrer schafft.
Keiner, der noch alles braucht,
und keiner, der schon alles hat.
Jeder lebt von allen andern;
jeder macht die andern satt.

Refrain: Gut, dass wir …

Manfred Siebald

6. Hört das Lied M3 im Internet an. Bezieht den Text auf das Gedicht M2.

7. „Jeder kann mit Gottes Gaben das tun, was kein andrer schafft." (M3) Denke darüber nach, welche Gaben du hast und wie du sie einsetzen könntest.

8. Erstellt eine Suche-Biete-Hilfsbörse. Dazu schreibt jeder in der Klasse seinen Namen und ein Hilfsangebot bzw. ein Hilfsgesuch auf je einen extra Zettel. Diese heftet ihr an eine Stellwand. Lest die Zettel und geht auf den entsprechenden Mitschüler oder die Mitschülerin zu, wenn ihr helfen wollt oder Hilfe braucht. Ihr könnt die Börse das ganze Jahr führen und regelmäßig aktualisieren.

9. Tauscht euch darüber aus, ob sich an der Motivation fürs Helfen etwas ändert, wenn wir Gott in unserer Mitte wissen (M3). Was hält Gott von faulen Ausreden?

Einander zum Nächsten werden

M1 [25] Und siehe, da stand ein Gesetzeslehrer auf, versuchte ihn und sprach: Meister, was muss ich tun, dass ich das ewige Leben ererbe? [26] Er aber sprach zu ihm: Was steht im Gesetz geschrieben? Was liest du? [27] Er antwortete und sprach: „Du sollst den Herrn, deinen Gott, lieben von ganzem Herzen, von ganzer Seele und mit all deiner Kraft und deinem ganzen Gemüt, und deinen Nächsten wie dich selbst." (5. Mose 6,5; 3. Mose 19,18) [28] Er aber sprach zu ihm: Du hast recht geantwortet; tu das, so wirst du leben. [29] Er aber wollte sich selbst rechtfertigen und sprach zu Jesus: Wer ist denn mein Nächster?

Lukas 10,25–29

Paul Reding: Er sah ihn und ging vorüber (1963) ▶

M2

M3 „Den" Nächsten gibt es nicht. Zum mir Nächsten wird der, dem ich begegne, weil unsere Blicke sich treffen, weil er meine Hilfe braucht, weil wir etwas gemeinsam unternehmen, weil sich durch diese anderen mein eigenes Leben mit Inhalt füllt.

Wir Menschen sind elementar[1] aufeinander angewiesen. Wenn wir das im Umgang miteinander spüren und uns entsprechend verhalten, dann geschieht es bereits, dass wir uns mehr und mehr zu Nächsten werden. Manchmal so sehr, dass wir von Liebe zueinander sprechen.

Wilhelm Gräb

[1] elementar: grundlegend, wesentlich

1. Wer ist mein Nächster? Mitschülerinnen und Mitschüler? Eltern? Lehrkräfte? Obdachlose? …? Schreibe deinen Namen auf ein Blatt Papier und notiere in passenden Abständen Personen, die dir nah oder ferner stehen. Bis wohin geht bei dir die Nächstenliebe?

2. Überprüfe, ob du das Doppelgebot der Liebe (M1) und die Zehn Gebote noch auswendig kannst. Wiederholt anschließend in der Klasse, warum die Zehn Gebote im Doppelgebot der Liebe zusammengefasst werden können. Welchen Stellenwert hat es für Jesus?

3. Die Frage nach dem Nächsten beantwortet Jesus mit der Geschichte vom Barmherzigen Samariter. Erzählt sie mithilfe des Holzschnittes M2 oder lest in Lk 10,25–37 nach. Klärt, wer für Jesus der Nächste ist und was mit „lieben" gemeint ist.

4. Deutet das Bild M2. Geht dabei insbesondere auf die Farbgebung und die Körperhaltungen ein.

5. Stellt M2 in einem Standbild nach. Lasst die verschiedenen Personen zu Wort kommen. Wie fühlen sie sich?

Eitel Klein:
Die sieben Werke
der Barmherzigkeit

Im Moment sehe ich die Not vieler, die mir in den Medien vor Augen geführt werden. Mein Mitgefühl kann ich durch Spenden zeigen, dabei muss ich aber keine persönliche Beziehung herstellen zwischen dem Bedürfti-
5 gen und mir. Das allerdings ist die Herausforderung, die ich aus den Werken der Barmherzigkeit lese. Nicht nur hinzusehen, sondern mich von der Bedürftigkeit des anderen so berühren zu lassen, dass ich mich ihm zuwende. Und dass ich meine Zeit und meine Kraft ein-
10 bringe, seine Situation zu verbessern. […]

Wenn ich das auf die vielen Notleidenden übertrage, die ich im Moment sehe, dann muss ich mir meine Grenze eingestehen, nicht mehr tun zu können und mir nicht anzumaßen, alles und alle zu retten. Davon wird
15 im Text auch nicht gesprochen. Hier wird mein Umgang mit der konkreten Armut eines Menschen angesprochen, der vor mir steht. Und dann ist Armut nicht nur das Mittellose, es ist auch das Beziehungslose. Sehe ich die Kollegin, die hungrig ist nach Anerkennung, oder
20 schaue ich weg, weil mir ihre Bedürftigkeit lästig ist? Vielleicht meine ich, das sei ihr Problem, oder denke mir, dass mich auch keiner lobt. Barmherzig zu sein gelingt mir hier nur, wenn ich auch um mein Bedürfnis nach Anerkennung weiß und mich ihm zuwenden kann.
25 Dann kann ich der Kollegin ein Wort sagen, das sie in ihrer Stärke erkennt und sie nicht hungrig zurücklässt.

Linda Jarosch

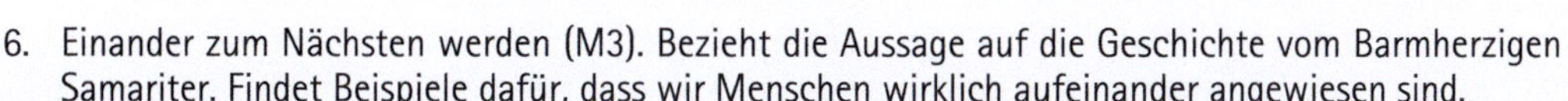

6. Einander zum Nächsten werden (M3). Bezieht die Aussage auf die Geschichte vom Barmherzigen Samariter. Findet Beispiele dafür, dass wir Menschen wirklich aufeinander angewiesen sind.

7. Entschlüssele die ersten sechs Werke der Barmherzigkeit in M4. Überprüfe mithilfe von Mt 25,31–46 und erkläre, inwiefern auch hier das Doppelgebot der Liebe (M1) eine Rolle spielt.

8. Recherchiere das siebte Werk der Barmherzigkeit (M4 letztes Bild) im Internet.

9. Stellt die Szene von Mt 25,31–46 nach und lest sie mit verteilten Rollen (Szenisches Spiel). Tauscht euch darüber aus, wie die Geschichte auf euch wirkt. Diskutiert, ob so eine Geschichte zum liebenden Gott passt. Müssen wir jetzt alle Angst vor Gottes Strafe haben?

10. Linda Jarosch bezieht Mt 25,31–46 auf ihr Leben heute (M5). Fasse die wichtigsten Aussagen des Textes zusammen.

11. Vollziehe das Beispiel Armut in M5 nach und übertrage auch die weiteren Werke der Barmherzigkeit mit je einem Beispiel auf dein Leben heute. Stellt eure Ergebnisse in der Klasse vor.

12. Diskutiert die Meinung zum Thema Spenden in M5. Überlegt, wie man sinnvoll spenden kann.

Ein Licht in der Finsternis

M1

Vielleicht war Johann Hinrich Wichern an diesem trüben Wintertag im Jahr 1839 mit seinem Latein am Ende. Der Theologe hatte es sich zur Aufgabe gemacht, verwahrloste und verwaiste Kinder und Jugendliche aus den Hamburger Elendsvierteln zu betreuen; Kinder, die ihn und seine Helfer oft an ihre Grenzen brachten. Ohne Zwang und Schläge, sondern mit Gemein- 5
schaft, Arbeit, dem Lesen der Bibel sollten die Kinder erzogen werden.

Sechs Jahre zuvor war Wichern in ein altes Bauernhaus, das Rauhe Haus, gezogen und hatte seine Arbeit begonnen. Ende 1833 betreute er bereits 14 Jungen zwischen fünf und 18 Jahren – Kinder, die bis dahin in ihrem Leben auf der Straße Gewalt, Hunger und Armut erlebt hatten, die logen und 10
stahlen.

Die Adventszeit war im Rauhen Haus eine besondere Zeit der Erwartung, mit täglicher Andacht und Singstunde. Aber wie konnte man den ungestümen, schwierigen Kindern das Warten aufs Weihnachtfest verkürzen, ihnen die Adventszeit als Zeit des Wartens verständlicher machen? Vielleicht, indem 15
es jeden Tag bis Weihnachten ein wenig heller und wärmer wird, mag sich Wichern an diesem Wintertag gedacht haben. Sein erster Adventskranz bestand aus einem hölzernen Wagenrad, auf dem vier dicke weiße Kerzen für die Sonntage und kleine rote Kerzen dazwischen für die Werktage angebracht waren. An jedem Tag, vom ersten Advent bis zum Weihnachtsfest, wurde 20
eine Kerze entzündet, Advent als der Weg des Lichts wurde auch für die Kinder begreifbar. […]

Wichern war Gründer und erster Vorsteher des Rauhen Hauses und Initiator der Inneren Mission, also der heutigen Diakonie. Er war auch ein guter Pädagoge, der sich in die hilfsbedürftigen Kinder und Jugendlichen hinein- 25
versetzen konnte. Mit 15 hatte Wichern selbst den Vater verloren. Als Ältester war er für seine sechs Geschwister verantwortlich; tagsüber arbeitete er, nachts lernte er, zuerst für die Schule, dann das Studium der Theologie.

Seine Idee, verwahrloste Jugendliche in einer Gemeinschaft von Brüdern, wie er seine Helfer nannte, aufwachsen zu lassen, war revolutionär und traf 30
auf viel Resonanz. Wichern erkannte die Not im eigenen Land und die Notwendigkeit, in Verbindung von Glaube und Liebe den Elenden im Land zum Leben zu helfen. Die Kinder und Jugendlichen sollten einen Beruf erlernen, selbständig werden und Verantwortung für ihr eigenes Leben übernehmen können – Hilfe zur Selbsthilfe, eine sehr moderne Haltung. 35

Uwe Mann van Velzen

Im Zuge der Industrialisierung verarmten im 19. Jahrhundert viele Menschen.  Kirchliche Vertreter wie Wichern deuteten die Notlage der Bevölkerung als Folge ihrer Gottlosigkeit: Würden die Menschen erst wieder in der Nachfolge Jesu leben, so würden sich ihre Lebensbedingungen wieder verbessern

5 Zu diesem Zwecke gründeten sie 1848 die Innere Mission, die die Menschen wieder im Glauben erziehen und helfen sollte. Denn Wichern erkannte, dass man auch praktische Hilfe leisten muss, um die Menschen für die frohe Botschaft des Evangeliums zu öffnen.

Zeichen der Inneren Mission wurde das sogenannte Kronenkreuz, in dem
10 das Kreuz mit den Anfangsbuchstaben der Inneren Mission, also „I" und „M" verbunden wurde. Dabei symbolisiert das Kreuz Not und Tod, die Krone Hoffnung und Auferstehung. Die Verbindung der beiden Zeichen drückt die Zuversicht aus, dass Not überwunden werden kann, weil Je-
15 sus Christus durch seine Auferstehung Not und Tod überwunden hat und in seinem neuen Reich keine Ungerechtigkeit mehr herrschen wird.

Die Diakonie, in der die Innere Mission aufging, übernahm das Kronenkreuz als ihr Zeichen.

Kronenkreuz und Wichern

Kein innerer oder äußerer Nothstand, dessen Hebung Aufgabe christlich rettender Liebe sein kann, ist der inneren Mission fremd, und die reichste Fülle der Hülfe steht ihr zu Gebot. Denn die Wurzel ihres Werkes ist Christus, dem alle Noth zu Herzen geht und in dessen Herzen die Hülfe gegen alles Elend zu finden ist.

Johann Hinrich Wichern

1. Lest M1 und erklärt, wie Wichern den Gedanken der Nächstenliebe in seinem Leben umsetzte.

2. Erläutert Wicherns pädagogisches Geschick an seiner Erfindung des Adventskranzes.

3. Recherchiere im Internet genauer über das Rauhe Haus zur Zeit Wicherns und heute. Suche auch geeignetes Bildmaterial und erstelle eine 🧩 digitale Präsentation.

4. Erklärt mithilfe von M2, warum Wichern die Innere Mission gründete, und diskutiert seine Beweggründe.

5. Zeichne das Kronenkreuz (M3) in dein Heft ab. Kläre die Bedeutung des Symbols mithilfe von M2 und beschrifte die einzelnen Teile des Symbols mit ihrer Bedeutung.

6. Bezieht M4 auf die Info M2. Tauscht euch darüber aus, warum Jesus als Wurzel der Inneren Mission bezeichnet wird. Euer Wissen über Jesus aus der 6. Klasse kann euch dabei helfen.

7. Neben Wichern waren z. B. auch Wilhelm Löhe und Friedrich von Bodelschwingh wichtige Personen für die Anfänge der Diakonie. Halte ein 🧩 Referat über eine dieser Personen und erstelle eine dazu passende 🧩 digitale Präsentation. Die Klasse gibt dir nach dem Vortrag 🧩 Feedback.

Dienst am Nächsten

M1 Die Diakonie ist der soziale Dienst der evangelischen Kirchen. Wir verstehen unseren Auftrag als gelebte Nächstenliebe und setzen uns für Menschen ein, die am Rande der Gesellschaft stehen, die auf Hilfe angewiesen oder benachteiligt sind. Neben dieser Hilfe verstehen wir uns als Anwältin der Schwachen und benennen öffentlich die Ursachen von sozialer Not gegenüber Politik und Gesellschaft. […] Dieses Selbstverständnis spiegelt sich auch in dem Wort „Diakonie" wider: Im Altgriechischen versteht man unter *diakonia* alle Aspekte des Dienstes am Nächsten.

M2

1. Vergleiche das Selbstverständnis der Diakonie (M1) mit Wicherns Motivation zur Gründung der Inneren Mission ➔ S. 84f.
2. Erinnere dich an ➔ Kapitel 2 und erkläre, warum diakonisches Handeln bereits für die ersten christlichen Gemeinden typisch und wichtig war.
3. Beschreibe das Werbeplakat der Telefonseelsorge (M2) und erkläre, wie hier versucht wird, die Hemmungen vor einem Anruf abzubauen.
4. Erläutert die Motivation von Martha Eber, sich in der Telefonseelsorge zu engagieren (M3). Welche Möglichkeiten und Grenzen des Helfens sieht sie?
5. Überlegt in Gruppen mithilfe von M3, welche Eigenschaften ein ehrenamtlicher Mitarbeiter bei der Telefonseelsorge braucht, und erstellt eine Stellenanzeige.
6. Gestalte selbst ein Plakat für die Telefonseelsorge, durch das vor allem Jugendliche mit ihren in M3 genannten Problemen angesprochen werden sollen. Präsentiert eure Plakate der Klasse und gebt euch gegenseitig Feedback.

Auszug aus einem Interview mit Martha Eber, stellvertretende Leitung der Evangelischen TelefonSeelsorge München

Was hat Sie persönlich dazu bewogen, sich am Telefon für Menschen in Not und Krisensituationen einzusetzen?

5 Ich möchte seit jeher nah am Menschen sein, mich berühren lassen, nicht wegschauen – kurz: einfach da sein, wenn ich gebraucht werde. Am Telefon und in der Mail-Seelsorge bin ich näher an der Lebenswirklichkeit von Menschen und begegne ihnen auf Augenhöhe. Genauso geht es mir in der Arbeit mit ehrenamtlichen Mitarbeiterinnen und Mitarbeitern. Das heißt für
10 mich, die Ressourcen im Anderen zu entdecken und ihm bewusst zu machen. Es bedeutet aber auch, zu den eigenen Grenzen zu stehen und die Verantwortung des Anderen bei ihm zu belassen. […]

Was sind Ihre Strategien in der Krisenintervention?

Eine konkrete Beziehung ist immer das Beste, das wir bieten können. In einer
15 Krise dem Anderen das Gefühl zu geben, dass jemand für ihn da ist. Eine Person, die sich voll und ganz auf die Situation einlässt, die sich einfühlt und dabei einen klaren Kopf behält. Dass der betroffene Mensch in einer akuten Krise für den Augenblick oder eine Weile seine volle Handlungsfähigkeit verliert, ist eine ganz normale Reaktion auf außerordentlich belastende
20 Situationen. Dies mache ich dem Ratsuchenden immer wieder bewusst, der von sich selber glaubt, nicht mehr ganz Herr seiner selbst zu sein. Im Gespräch lege ich durch gezielte Fragen den Fokus auf das Hier und Jetzt und lenke seine Aufmerksamkeit auf die verbliebenen Potentiale. Ich mache ihm bewusst, dass er als Ratsuchender noch so entscheidungsstark war, zum
25 Hörer zu greifen und anzurufen. Ich überlege dann mit ihm den nächsten Schritt, der gegangen werden kann.

Welche besonderen Probleme und Fragen thematisieren junge Menschen?

Junge Menschen rufen vor allem dann an, wenn sie sich in scheinbar ausweglosen Situationen befinden. Themenfelder wie Gewalterfahrungen, selbstver-
30 letzendes Verhalten oder Suizidgedanken begegnen uns vor allem über den Chat und die Mail-Seelsorge. Aber auch familiäre Beziehungen, Freundschaften, Liebeskummer sind wichtige Themen. Auffallend ist, dass sich zunehmend junge Menschen an die TelefonSeelsorge wenden, weil sie im Studium oder in der Ausbildung enormen Leistungsdruck erleben.

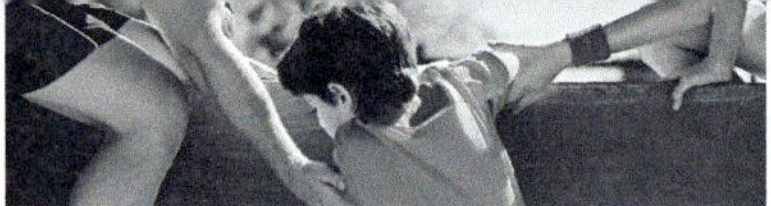

Diakonie (er)leben

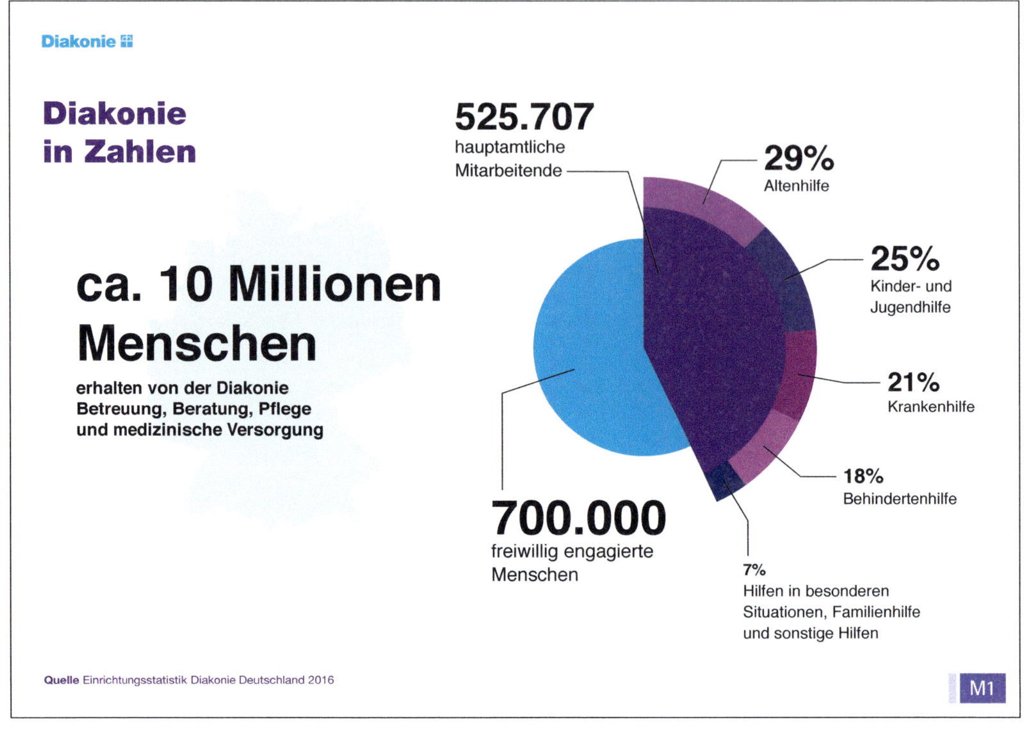

Einrichtungsstatistik Diakonie Deutschland 2016

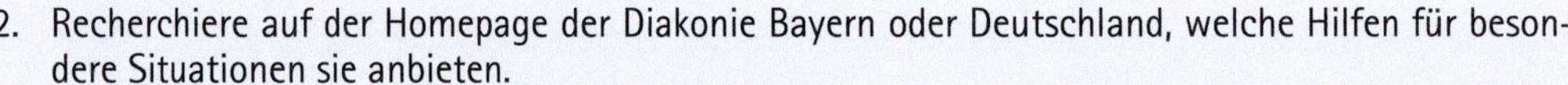

1. Ordnet die diakonischen Einrichtungen in M1 den Werken der Barmherzigkeit (➜ S. 83, M4) zu. Sammelt die diakonischen Angebote in eurem Umfeld und erstellt eine Infobroschüre für Hilfesuchende, in der ihr die Einrichtungen kurz vorstellt.

2. Recherchiere auf der Homepage der Diakonie Bayern oder Deutschland, welche Hilfen für besondere Situationen sie anbieten.

3. Ladet eine Mitarbeiterin oder einen Mitarbeiter einer lokalen diakonischen Einrichtung ein und führt ein Interview.

4. Der Jugendliche auf dem Foto M2 engagiert sich im Altenheim. Sammelt Gründe dafür, warum er das freiwillig tut, und überlegt, welche Möglichkeiten des Helfens er im Altenheim hat.

5. Erläutert, welche Erfahrungen die Jugendlichen in M3 im Altenheim gemacht haben. Haltet dazu tabellarisch fest, wie sie geholfen haben, welchen persönlichen Gewinn sie daraus gezogen haben und wo ihre Grenzen des Helfens erreicht waren.

6. Gebt der Bewohnerin des Altenheims in M2 eine Stimme. Notiert, was ihr der Besuch von freiwilligen Jugendlichen im Altenheim bedeutet.

7. Überlegt in eurer Klasse, ob ihr auch ein diakonisches Projekt durchführen wollt. Findet dazu eine passende Einrichtung, bereitet das Projekt vor und tauscht euch nach der Durchführung darüber aus.

M2

Jugendliche berichten von ihrem diakonischen Projekt im Altenheim.

M3

Juliane: „Weil, wenn man's im Unterricht behandelt, […] wird man schon ein bisschen auf das Thema vorbereitet, aber so richtig lernen, also so richtig kennenlernen also, macht man das nur, wenn man richtig im Altenheim ist.“

Mirjam: „Aber ich glaube das Wichtigste war […], dass wir wirklich uns mit
5 alten Leuten getroffen haben und mit denen geredet haben. Die waren […] so lieb zu uns und dann fiel es einem auch nicht so schwer, dass man etwas gefragt hat und auch von sich erzählt hat, weil das einfach auch so offen war. Ich persönlich bin da echt gerne hingegangen und habe mich mit denen unterhalten, weil man auch einfach merkt, wie sich die Leute gefreut haben. Das
10 war ein richtig gutes Gefühl, da so rauszugehen und sich zu freuen, dass man jemand ein bisschen helfen konnte wenigstens.“

Philipp: „Ich glaub, wir sind alle von Grund auf materiell eingestellt, und wenn man dann solche Leute sieht, ist es schon im Moment anders, man fühlt anders, man denkt anders, aber damit man sowas verinnerlicht für längere
15 Zeit, müsste man das einfach vertiefen.“

Theresa: „Die hat dann erzählt, dass sie gar nicht hier sein will, weil sie lieber bei ihrer Familie wäre, aber […] dass sie quasi eine Last wäre, […] hat sie uns halt erklärt und das hat man dann schon gemerkt, wie sie sich fühlt, und man hat sich selber vorgestellt, wie wäre das für einen selbst, wenn man wo ist, wo
20 man eigentlich gar nicht sein will, aber nichts dagegen machen kann […].“

1. Gestalte um diesen Slogan der Diakonie eine Collage mit verschiedenen hilfsbedürftigen Menschen in deiner „Nachbarschaft" und möglichen Hilfsangeboten für diese.
2. Beziehe die Initiative der Diakonie Deutschland auf das Einstiegsbild des Kapitels (➲ S. 77) sowie auf biblische Überlieferungen zur Nächstenliebe.
3. Erläutere, wie die Kirche in Geschichte und Gegenwart diesen Spruch in diakonisches Handeln umgesetzt hat und welche Bedeutung die Gottes- und Nächstenliebe dabei haben.

wiedergeben

Ich kann die Umsetzung des Gedankens der Nächstenliebe am Handeln von Johann Hinrich Wichern und an einem diakonischen Arbeitsfeld aufzeigen.

deuten

Ich erkenne die Bedeutung der Nächstenliebe in den biblischen Überlieferungen vom Barmherzigen Samariter und vom Weltgericht und stelle Bezüge zu eigenen Erfahrungen mit Hilfsbedürftigkeit her.

urteilen

Ich denke über Möglichkeiten und Grenzen des Helfens im Horizont von Nächstenliebe nach.

kommunizieren

Ich tausche mich über meine Erfahrungen mit Hilfsbedürftigkeit und meine Möglichkeiten des Helfens aus.

6 Methoden

Operatoren

nennen

Ausgewählte Elemente, Aspekte, Merkmale, Begriffe, Personen etc. unkommentiert aufzählen.

wiedergeben

Einen bekannten oder erkannten Sachverhalt oder den Inhalt eines Textes unter Verwendung der Fachsprache mit eigenen Worten ausdrücken.

beschreiben

Die Merkmale eines Bildes oder anderen Materials mit Worten in Einzelheiten wiedergeben.

erläutern / erklären

Einen Sachverhalt, eine These etc. mit zusätzlichen Informationen und Beispielen nachvollziehbar veranschaulichen.

vergleichen

Nach vorgegebenen oder selbst gewählten Gesichtspunkten Gemeinsamkeiten, Ähnlichkeiten und Unterschiede ermitteln und darstellen.

begründen

Eigene Aussagen durch Argumente stützen und nachvollziehbare Zusammenhänge herstellen.

Digitale Präsentation

Häufig ist es sinnvoll, Vorträge durch eine digitale Präsentation zu veranschaulichen. Dazu brauchst du einen Computer und eine Präsentationssoftware.

Grundsätzlich gilt: Du musst für Spannung sorgen. Die digitale Präsentation unterstützt deinen Vortrag nur. Sie sollte möglichst nüchtern gestaltet sein, damit sie nicht ablenkt. Beachte folgende Regeln:

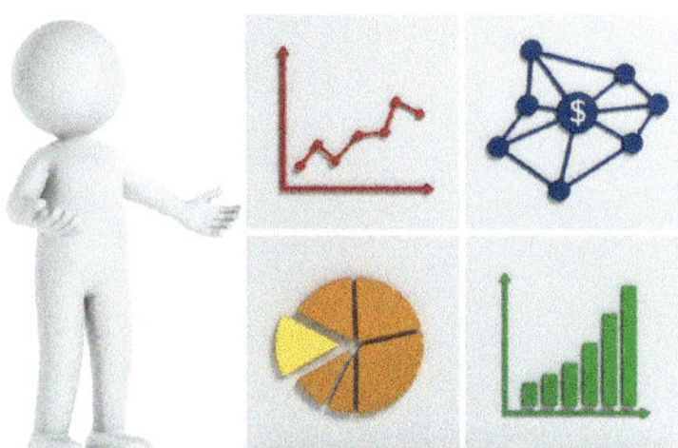

Gestaltungstipps

Folien und Schrift:
- Die erste und letzte Folie sind leer und schwarz. So hast du bei Einleitung und Schluss die volle Aufmerksamkeit.
- Verwende für Textfolien als Hintergrundfarbe Weiß, für Bildfolien Schwarz.
- Schreibe mit einer schlanken Standardschrift in Schwarz.
- Benutze maximal zwei verschiedene Schriftarten.
- Die Schriftgröße sollte mindestens 30 Punkt sein.

Inhalt:
- Notiere nur wichtige Stichpunkte / kurze Sätze (max. 20 Wörter pro Folie), damit die Zuhörer keine langen Lesepausen brauchen. Alles andere ergänzt du im Vortrag. Plane ca. zwei bis drei Minuten Redezeit pro Folie ein.
- Verwende nicht zu viele Animationen.

Bilder, Ton- und Videomaterial:
- Bilder kannst du direkt in die digitale Präsentation einbinden. Gib die Bildquelle an.
- Ton- und Videomaterial spielst du besser aus einem geeigneten Mediaplayer ein, da sonst möglicherweise die Präsentationsdatei zu groß wird und abstürzt.

Tipps

Probiere die fertige Präsentation in der Schule vorher aus. Gib zur Sicherheit die fertige Präsentation zusätzlich als PDF aus. So ist die Darstellung auf jedem PC unabhängig von der Präsentationssoftware gleich.

Feedback

Übersetzt meint der Begriff Feedback Rückmeldung. Sich für die eigene Arbeit Rückmeldung von anderen zu holen, ist wichtig, um sich weiterentwickeln und verbessern zu können.

Wer Feedback gibt, lobt und kritisiert dabei eine erlebte Performance. Damit das Feedback nützlich und nicht verletzend ist, braucht es Fingerspitzengefühl. Überlegt euch dafür zunächst, welche Anforderungen gestellt und wie gut diese erfüllt wurden. Geht es beispielsweise um ein Referat, so könnt ihr euch fragen, ob laut und deutlich gesprochen wurde, ob der Inhalt gut strukturiert war usw. Beachtet zudem:

- Formuliert konkrete Aussagen, diese sind hilfreicher als ein allgemeines „Mir hat alles gut gefallen."
- Übt nur konstruktive Kritik. Das heißt, kritisiert nur Dinge, die der andere auch wirklich verändern kann. Wenn die Lehrkraft das Referat-Thema vorgibt, nutzt die Rückmeldung, dass man das Thema nicht spannend fand, der referierenden Person nichts.
- Lob sollte überwiegen. Deswegen empfiehlt sich folgender Aufbau: Lob – Kritik – Lob.

Feedback annehmen

Nicht jede Rückmeldung, die man erhält, bringt einen auch weiter oder passt zu einem. Für die Person, an die sich das Feedback richtet, gilt daher:
- Höre dir die Rückmeldungen in Ruhe an. Du musst und sollst dich nicht verteidigen oder rechtfertigen.
- Reflektiere und sortiere für dich: Welche Rückmeldungen bringen dich weiter? Was kannst und willst du umsetzen? Worüber musst du in Ruhe nochmal nachdenken? Was kannst du nicht gebrauchen und lässt es einfach stehen?
- Sollte dir irgendein Punkt des Feedbacks unklar sein, kannst du nachfragen.

Tipps

Legt vor einer Performance fest, wer am Ende Feedback gibt. Es reichen zwei bis drei Personen. Wenn sie möchte, kann die Person, an die sich das Feedback richtet, vorher mitentscheiden, von wem sie Feedback erhalten will.

Gruppenpuzzle

Das Gruppenpuzzle ist eine besondere Art der Gruppenarbeit. Es beschäftigen sich nicht alle mit dem gesamten Thema, sondern jeder von euch intensiv mit nur einem Puzzlestück davon. Anschließend ist er/sie dafür verantwortlich, das erworbene Wissen anderen zu vermitteln.

Vorbereitung

Ein Thema wird in möglichst gleichwertige Puzzle-Themen zerlegt, z. B. die Reisen des Paulus (➜ Kapitel 2, S. 30ff.) in die drei Missionsreisen und seine Reise nach Rom.

1. Stammgruppenphase

Zunächst bilden sich Stammgruppen. Eine Stammgruppe muss genau so viele Mitglieder haben, wie in der Vorbereitung Puzzle-Themen festgelegt wurden, bei Paulus also vier Personen pro Gruppe. Im nächsten Schritt soll jedes Mitglied der Stammgruppe zum Experten für eines der Puzzle-Themen werden. Die Rollen werden vergeben.

Expertengruppenphase

Die Stammgruppen lösen sich auf und bilden Expertengruppen zu jedem der Themen. Innerhalb dieser neuen Gruppen werden die Teilnehmenden zu „Experten für …" ausgebildet, zum Beispiel als Experte für die erste Missionsreise. Dies geschieht anhand von Materialien, aber auch durch Recherche, beispielsweise im Internet. Zur Sicherung erstellen die Expertengruppen jeweils einen Hefteintrag. Diesen muss jeder Experte und jede Expertin auch selbst vor sich haben.

2. Stammgruppenphase

Alle Expertinnen und Experten kehren in ihre Stammgruppen zurück. Dort trägt jeder/jede seine bzw. ihre Ergebnisse vor. Außerdem ergeben die einzelnen Hefteinträge einen Gesamteintrag zum Thema.

Tipps

– Je nach Gruppengröße und Anzahl der Puzzle-Themen kann es auch mehr als einen Experten zu einem Puzzle-Teil geben. Das gibt bei schwierigen Themen Sicherheit.
– Die Experten und Expertinnen sollten in ihren Stammgruppen zunächst ausschließlich erzählen und Rückfragen klären. Erst ganz am Ende werden die Hefteinträge ergänzt.

Hörspiel

Grundsätzlich gilt es, zwischen einem Hörspiel und einem Hörbuch zu unterscheiden: Ein Hörbuch wird von einer einzigen Person erzählt. Bei einem Hörspiel hingegen werden die unterschiedlichen Rollen auch von verschiedenen Personen vorgetragen.

Eines haben Hörbuch und Hörspiel aber gemeinsam: Durch ihre Begrenzung auf das Hören vermitteln sie andere Aspekte als Bücher oder Filme. Zuhörende sind allein auf die Deutung und Interpretation der hörbaren Stimmen angewiesen, sie haben keine visuellen Eindrücke. Ausschließlich Stimmhöhe, Lautstärke und Sprechtempo – beim Hörspiel auch zusätzliche Geräusche – vermitteln die Gefühle und Emotionen, den Spannungsverlauf und wichtige Informationen.

Vorbereitung

Bevor ihr euch also an die Aufnahme und technische Umsetzung macht, solltet ihr den zu vertonenden Text gemeinsam lesen, nach wichtigen Abschnitten gliedern und die jeweiligen Rollen entwickeln und verteilen.

Beachtet, dass manche Texte bereits als Geschichte mit Erzähl- und Redeteilen geschrieben sind. Andere Texte müsst ihr umschreiben, damit sie als Hörspielgeschichte genutzt werden können. Dazu kann es nötig sein, dem Text weitere Personen hinzuzufügen oder ihn um eigene Gedanken und Ideen zu erweitern, ohne ihn zu verfälschen. Wichtig ist, dass im Hörspiel sowohl die sachlichen Informationen des Textes als auch die von euch entdeckten Gefühle und Emotionen weitergegeben werden.

Durchführung

Für die Durchführung benötigt ihr einen Computer, ein Mikrofon und ein Aufnahmeprogramm. Achtet vor allem darauf, langsam und deutlich zu sprechen. Mit dem passenden Programm könnt ihr euer Hörspiel nachbearbeiten, d. h. mögliche Versprecher herausschneiden, weitere Effekte und Geräusche hinzufügen oder Nebengeräusche verringern.

Tipps

Im Internet findet ihr verschiedene Seiten oder Video-Tutorials mit hilfreichen Tipps zur Vorbereitung, Durchführung und technischen Umsetzung.

Pro- und Kontra-Debatte

Eine Debatte ist eine Form der Diskussion. Dabei werden vorher Positionen festgelegt, die einander konträr gegenüberstehen, also z. B. die Frage in ➜ Kapitel 3, S. 51, Aufgabe 5, ob man für oder gegen das Fasten ist.

Positionen festlegen

Die Position, die ihr einnehmt, muss nicht eurer eigenen Meinung entsprechen. In einer Debatte übt ihr, auch für eine Meinung zu argumentieren, die ihr nicht teilt. Ihr könnt Teams bilden, die gegeneinander debattieren. So muss keiner allein für eine Position eintreten.

Bestimmt für eure Debatte einen Moderator / eine Moderatorin. Die Moderation kann auch durch ein Team oder durch die Lehrkraft übernommen werden.

Eröffnung

Die Debatte wird durch den Moderator / die Moderatorin eröffnet. Anschließend hält jede Partei eine kurze Eröffnungsrede. Es reicht, wenn diese ein bis maximal zwei Minuten lang ist. Jede Partei gibt kurz die Position an, die von ihr in der Debatte vertreten wird. Dabei können auch schon zentrale Argumente fallen. Aber es sollte darauf geachtet werden, dass dies nur sehr knapp passiert, damit ihr euch in der anschließenden Diskussion nicht wiederholt.

Diskussion

Nach den Eröffnungsreden startet die eigentliche Diskussion. Dabei ist es wichtig, dass ihr eure Position beibehaltet. Ziel ist es nicht, zu einer Einigung zu kommen, sondern die eigene Position gut zu vertreten. Wer am Ende überzeugt, entscheiden die Zuhörer und Beobachter der Debatte.

Abschluss

Zum Abschluss erhält jede Partei die Möglichkeit, ihre Position in einer kurzen Rede zu betonen. Hier sollten die wichtigsten eigenen Argumente noch einmal genannt werden und, wenn möglich, die Argumente der Gegenpartei entkräftet werden. Das Publikum oder eine zuvor ernannte Jury bestimmt dann die Partei, die am überzeugendsten argumentiert hat.

Tipps

- Bereitet die Debatte gut vor, indem ihr vorher in Gruppen gemeinsam Argumente für die Positionen sucht.
- Legt genaue Zeitrahmen für die verschiedenen Teile der Debatte fest; als erste Übung kann die Diskussionsrunde auch nur zehn Minuten dauern.

Referat

Ein Referat ist ein Vortrag zu einem bestimmten Thema, das du zunächst eigenständig erarbeitest und anschließend der Klasse präsentierst. Dabei solltest du in folgenden Schritten vorgehen:

Notiere dir den Termin und die genaue Aufgabenstellung für deinen Vortrag. Plane genügend Zeit für die Vorbereitung ein. Berücksichtige dabei auch nötige Zeiten zur Prüfungsvorbereitung und für andere Aktivitäten.

Arbeitsplanerstellung

Suche passendes Material zur Aufgabenstellung. Dafür kannst du z. B. in einer Bibliothek oder im Internet recherchieren. Vielleicht kannst du auch zu einem Spezialisten Kontakt aufnehmen und ein Interview führen.

Informationsbeschaffung

Die gefundenen Informationen reduzierst du auf den geforderten inhaltlichen und zeitlichen Umfang des Referats und strukturierst sie passend zur Aufgabenstellung. Dann kannst du dein Referat verfassen. Achte dabei auf eine sinnvolle Gliederung und einen Spannungsbogen. In der Einleitung solltest du einen kurzen Überblick geben und das Interesse deiner Mitschülerinnen und Mitschüler für das Thema gewinnen. Überlege dir, ob du sie z. B. durch eine Umfrage oder eine Meinungsbild beteiligen willst. Die wesentlichen Inhalte finden ihren Platz im Hauptteil. Zum Schluss fasst du alles nochmals zusammen und stellst einen Bezug zum Anfang her.

Informationsverarbeitung

Trage dein Referat möglichst frei vor. Dabei solltest du einen festen Stand haben, Blickkontakt mit dem Publikum halten und deinen Blick schweifen lassen. Achte auf eine deutliche Aussprache und lege immer wieder kurze Sprechpausen ein, damit die Zuhörer mitdenken können. Wichtige Inhalte kannst du durch Mimik, Gestik sowie eine Variation in der Lautstärke betonen.

Präsentation

- Schreibe wichtige Stichpunkte deines Referats auf durchnummerierte Karteikarten.
- Übe deinen Vortrag zu Hause vor dem Spiegel.
- Gewinne die Aufmerksamkeit des Publikums durch einen motivierenden Einstieg und eine nette Begrüßung.
- Veranschauliche wesentliche Inhalte, z. B. durch eine digitale Präsentation.
- Eine Liste mit Referatsthemen findest du auf S. 108.

Tipps

Thesenrallye

Bei einer Thesenrallye setzt du dich mit verschiedenen Meinungen, die kurz als Thesen formuliert sind, auseinander. Eine These ist eine kurze Behauptung, die durch eine nachfolgende Argumentation erst noch bewiesen werden muss.

Vorbereitung

Die Lehrkraft hängt verschiedene Thesen an unterschiedlichen Orten im Klassenzimmer auf. Die Thesen können auch im Vorfeld von Schülerinnen und Schülern formuliert werden. Die Schülerinnen und Schüler finden sich in Kleingruppen zusammen. Jede Gruppe geht zu einer These.

Durchführung

Auf ein Signal der Lehrkraft diskutiert ihr in den Gruppen die These für ca. zwei bis drei Minuten. Geht dabei auf die Fragestellung ein, die euch die Lehrkraft vorgibt, oder bezieht folgende Gedanken in eure Diskussion mit ein:

– Stimme ich der These zu? Wie begründe ich meine Position?
– Was sehe ich gegebenenfalls anders?
– Ergeben sich aus der These Konsequenzen für das Leben oder lassen sich weitere Thesen daraus folgern?

Auf ein Signal rotieren die Gruppen im Uhrzeigersinn zur nächsten These und diskutieren wieder. Dies wird solange wiederholt, bis jede Gruppe jede These besprochen hat.

Vertiefung

Die These, die jede Gruppe zuletzt besprochen hat, stellt sie der Klasse vor. Mitglieder der anderen Gruppen können ihre Gedanken ergänzen.

Tipps

– Bei großen Klassen können verschiedene Thesen auch doppelt ausgewählt werden.
– Um ein Meinungsbild der Klasse zu bekommen, stellt ihr euch nach der Vertiefung zu der These, die ihr am meisten befürwortet.

Wortcollage

Eine Wortcollage präsentiert einen gedruckten Text in einer handschriftlich und künstlerisch gestalteten Version neu.

Bei einer Wortcollage gebt ihr jedoch nicht den ganzen Text wieder. Ihr verwendet nur einzelne Wörter oder Sätze, die ihr aus dem Text für wichtig erachtet. Mit diesen Akzenten und Schwerpunkten sollt ihr dem Betrachter den Inhalt des Textes mit seiner Spannung und Dynamik vermitteln.

Zur Erstellung einer Wortcollage geht ihr wie folgt vor:

Erarbeitung

- Lest euch den Text mehrmals in aller Ruhe durch.
- Markiert zuerst die Wörter und Sätze, die ihr grundsätzlich für wichtig haltet.
- Überlegt euch, welche der markierten Abschnitte, Sätze und Wörter ihr für die Collage nutzen möchtet.
- Überlegt euch den Aufbau eurer Collage und bedenkt folgende Gestaltungselemente:

  - Anordnung der Wörter und Sätze
  - Mögliche Wiederholungen
  - Einheitliche oder unterschiedliche Schriftarten
  - Größe der Buchstaben und Wörter
  - Groß- und kleinschreibung
  - Farbgebung von Hintergrund und Wörtern

Tipp

Zusätzlich könnt ihr die Wörter und Sätze in Figuren oder Symbolen darstellen. Ebenso könnt ihr einzelne Buchstaben und Wörter aus Bildelementen zusammensetzen, z. B. das Wort Regen aus Regentropfen in verschiedenen Blautönen.

Methoden aus Klasse 6 zum Wiederholen

Andacht Eine Andacht kann man überall feiern. Sie enthält eine Lesung aus der Bibel. Dazu kommen Lieder oder Musik, Gebete, vielleicht auch Bilder, die zum Thema passen, und zum Abschluss der Segen.

Evangelisches Gesangbuch Es wird im Gottesdienst verwendet und enthält Lieder (gelb markierter Teil) sowie Gebete und Vorschläge zur Feier verschiedener Gottesdienstformen (violett markierter Teil). Der grün markierte Teil informiert über wichtige christliche Begriffe wie Taufe, Konfirmation, Trauung, Kirchenjahr. Hier findest du auch das Apostolische Glaubensbekenntnis, die Zehn Gebote und Martin Luthers Kleinen Katechismus.

Landkarten Sie zeigen eine bestimmte Gegend in einer bestimmten Zeit und verzeichnen z. B. Orte, Flüsse, Wälder, Gebirge, Grenzen – auch Kirchen und Schlösser. Beachte immer den Maßstab, der die Einschätzung von Entfernungen ermöglicht.

Lapbook Das ist eine mehrfach aufklappbare Mappe, die Minipräsentationen aufnimmt. Ein Lapbook bildet den gesamten Lernprozess zu einem bestimmten Thema ab und lässt dir viel Raum für Kreativität.

Plakate Sie bündeln Informationen, die für längere Zeit und für viele Personen nutzbar gemacht werden sollen. Sie zeigen ein Thema prägnant, einfach und übersichtlich. Dazu nutzen sie Text, Bild(er), Grafiken, Listen, Farben und andere Hervorhebungen.

Präsentation Darunter kann man sehr vielfältige Dinge verstehen – vom „trockenen" Vortrag bis zur witzigen Showeinlage. Präsentationen können kurz sein wie ein Impuls für die eigene Lerngruppe oder aufwändig wie eine Themenwoche für die ganze Schule. Wichtig sind immer die gute Vorbereitung und Organisation, Blickkontakt zum Publikum und das freie Sprechen.

Szenisches Spiel Damit kann man Sachverhalte oder Geschichten besser verständlich machen. Pantomimisch oder in Dialogen müssen alle ihre Rollen ausfüllen. Regieanweisungen helfen beim genauen Kennenlernen. Requisiten und Kostüme schaffen das richtige Ambiente.

Think – Pair – Share Zuerst durchdenkt jeder für sich ein neues Thema. – Dann tauschen sich zwei miteinander aus. – Schließlich wird in der großen Gruppe alles geteilt, verglichen und diskutiert. So kann jeder seine eigene begründete Position finden.

Lexikon

Akronym: Damit wird ein Sonderfall der Abkürzung bezeichnet. Wörter oder Wortgruppen werden auf ihre Anfangsbuchstaben gekürzt und bilden so das Akronym, z. B. BUND für Bund für Umwelt und Naturschutz Deutschland. Es kann aber auch zu einem bestehenden Wort zu jedem Buchstaben ein Begriff gefunden werden. So wird scherzhaft beim Begriff TEAM von „Toll, ein anderer macht's" gesprochen. Das Akronym muss nicht unbedingt selbst ein sinnvolles Wort ergeben.

Aleviten: Eine Strömung im Islam, die im 13./14. Jahrhundert entstand und vorwiegend in der Türkei beheimatet ist. Aleviten gelten als eine Untergruppe der ▶ Schiiten. Viele Ge- und Verbote aus dem Koran, an die sich die ▶ Sunniten halten, werden von ihnen nicht befolgt. Ihr Glaube ist geprägt vom Gedanken der Nächstenliebe.

Allah: Der Begriff stammt aus dem Arabischen und setzt sich aus dem Artikel *al* und dem Wort *ilah*, Gott, zusammen. Übersetzt heißt er „der einzige Gott".

Basilika: Ursprünglich war die Basilika in der griechischen Antike eine große Halle mit dem Sitz des Königs. Später wurden solche Bauten auch für den Handelsverkehr und die Gerichtsbarkeit genutzt. Charakteristisch für diese Hallenbauten ist ein rechteckiger Raum, der durch zwei Säulenreihen in ein sogenanntes Mittel- und zwei Seitenschiffe unterteilt ist. An einer der kurzen Seiten ist der Raum durch eine Apsis, einen halbkreisförmigen Raum, erweitert. Der Bereich vor dem Halbrund ist in Kirchen üblicherweise der Standort des Altars.

Bekehrung: Unter Bekehrung versteht man im Christentum die bewusste Hinwendung zu Gott und den entschiedenen Glauben an den dreieinigen Gott als Vater, Sohn und Heiligen Geist. Im Allgemeinen meint Bekehrung (auch: Konversion) einen Glaubenswechsel, also den Übertritt zu einer anderen Religion. Die Frage einer Bekehrung des Paulus ist in der Theologie stark umstritten. Einerseits sieht sich Paulus von Jesus zum Apostel berufen. Andererseits gibt es keine eindeutigen Hinweise für einen Religionswechsel vom Juden- zum Christentum.

Beschneidung: Bezeichnet die Entfernung der Vorhaut bei Jungen. Im Judentum und im Islam wird sie als religiöser Initiationsritus durchgeführt, d. h. als Zeichen des Eintritts in die Religion. Biblisch geht sie zurück auf das Buch Genesis. Darin schließt Gott einen ewigen Bund mit Abraham, dessen Zeichen die Beschneidung sein soll (1. Mose 17,10–14).

Christusmonogramm: Besteht aus den altgriechischen Buchstaben X (Chi) und P (Rho). Schreibt man Christus auf Altgriechisch, sind dies die ersten beiden Buchstaben im Wort (Χριστός). Anders als Bischof Eusebius berichtet der Schreiber Lactantius, dass Kaiser ▶ Konstantin im Traum angewiesen wurde, das Christusmonogramm auf die Schilde der Soldaten malen zu lassen, bevor er den Sieg in der Schlacht an der Milvischen Brücke davontrug.

Cosplay: Trend aus Japan, bei dem Menschen, sogenannte Cosplayer, Figuren aus Mangas, Comics oder Computerspielen möglichst originalgetreu in Kleidung und Verhalten nachahmen.

Derwisch: Derwische (persisch für Sufist) bilden eigene Sufi-Orden. Ihre Nähe zu Gott drücken sie häufig durch Tänze aus, die sie in Trance bringen.

Diakonie (altgriech. διακονία: Dienst am Nächsten): Der soziale Dienst der evangelischen Kirchen. Im Sinne von gelebter Nächstenliebe setzt sie sich für Hilfsbedürftige und Benachteiligte ein.

Freitagsgebet: Während der Woche dürfen die fünf täglichen Gebete der Muslime an jedem beliebigen Ort gebetet werden. Für das Mittagsgebet am Freitag sind jedoch alle gläubigen muslimischen Männer ab zwölf Jahren dazu verpflichtet, in der ▶ Moschee zu beten. Nach dem Gebet predigt dann der ▶ Imam der Gemeinde.

Gandhi, Mahatma (1869–1948): Der indische Rechtsanwalt setzte sich für die Unabhängigkeit Indiens von der britischen Kolonialherrschaft sowie für die Gültigkeit der Menschenrechte für alle ein. Durch den von ihm angeführten gewaltfreien Widerstand wurde Indien 1947 von Großbritannien unabhängig. 1948 wurde Gandhi von einem Attentäter erschossen.

griechisch-hellenistische Epoche: Als hellenistisch wird die Epoche der antiken griechischen Geschichte von 336 v. Chr. bis 30 v. Chr. bezeichnet. Sie beginnt mit dem Regierungsantritt Alexanders des Großen. Während dessen Reich mit seinem Tod 323 v. Chr. zerfällt, dauert die Epoche noch knappe drei Jahrhunderte an. Dann geht das ptolemäische Ägypten im Römischen Reich auf.

halal: Das arabische Wort bedeutet „erlaubt" oder „zulässig". Es bezeichnet alle Dinge und Handlungen, die nach islamischem Recht (▶ Scharia) zulässig sind.

Imam: Mit diesem Titel werden Männer bezeichnet, die in der ▶ Moschee vorbeten und predigen. Man kann sie am ehesten mit den christlichen Pfarrern vergleichen. Sie spenden auch den Segen für Brautpaare, beerdigen Verstorbene und werden als Lehrer und Ratgeber betrachtet.

Industrialisierung: Von England ausgehend wurde ab dem 19. Jahrhundert auch in Deutschland die Massenproduktion von Gütern mithilfe von Maschinen möglich. Der Einsatz von Maschinen machte viele Menschen arbeitslos. Es kam zu Armut in der Bevölkerung, während die Fabrikanten immer reicher wurden und die um Arbeitsplätze konkurrierenden Menschen ausbeuteten.

Innere Mission: Im Zuge der ▶ Industrialisierung verarmten im 19. Jahrhundert viele Menschen. Kirchliche Vertreter wie ▶ Wichern deuteten die Notlage der Bevölkerung als Folge ihrer nicht vorhandenen Beziehung zu Gott: Lebten die Menschen erst wieder in der Nachfolge Jesu, so würden sich ihre Lebensbedingungen verbessern. Es gab verschiedene Einrichtungen zur Erziehung der Menschen im Glauben, aus denen die Innere Mission hervorging. Seit 1848 gab es den Centralausschuss für Innere Mission, der die Keimzelle der heutigen ▶ Diakonie ist. Wichern erkannte, dass man auch praktische Hilfe leisten muss, um die Menschen für die frohe Botschaft des Evangeliums zu öffnen.

Islamismus: Der Begriff hat sich in den 1970er-Jahren entwickelt und bezeichnet alle Untergruppierungen im Islam, deren Ziel es ist, im Namen Allahs einen religiös legitimierten Staat zu errichten. Sie missachten dabei – auch unter Ausübung von Terror und Gewalt – grundlegende Prinzipien wie Menschenrechte, Gleichstellung der Geschlechter sowie Religions- und Meinungsfreiheit.

Kaaba: Quaderförmiges Gebäude im Innenhof der ▶ Moschee in ▶ Mekka, das zentrale Heiligtum des Islam. Sie stammt aus der vorislamischen Zeit, in der sie Heiligtum verschiedener Götter war. Im frühen 7. Jahrhundert wurde sie durch einen Brand zerstört. Der junge ▶ Mohammed soll beim Wiederaufbau beteiligt gewesen sein. Als Mohammed Mekka einnahm, entfernte er alle heidnischen Symbole in der Kaaba, das Gebäude selbst aber blieb erhalten, denn im Koran gibt es einige Verse, die Abraham, seine Frau Hagar und ihren Sohn Ismael als Erbauer der Kaaba benennen. Bei der jährlichen Wallfahrt wird die Kaaba von den Gläubigen umrundet. Das Innere ist verschlossen und der Öffentlichkeit nicht zugänglich. Nur zweimal im Jahr wird die Kaaba für eine Zeremonie geöffnet und gereinigt.

Kalif: Bezeichnet einen Nachfolger oder Stellvertreter für ▶ Mohammed, den Gesandten Gottes. Da Mohammed selbst keine männlichen Nachkommen hinterließ, trafen sich die muslimischen Führer der Gemeinden nach seinem Tod, um über seinen Nachfolger zu diskutieren. Dieser wurde schließlich durch eine Wahl bestimmt. Während man sich auf die ersten drei Kalifen noch einigen konnte, führte die Frage nach dem rechtmäßigen Nachfolger nach 656 zur Spaltung des Islam. Es bildeten sich die ▶ Schiiten und die ▶ Sunniten.

Kalifat: Darunter versteht man die Herrschaft eines ▶ Kalifen. Es stellt eine islamische Regierungsform dar, bei der die weltliche und geistliche Führung in der Person des Kalifen vereint ist. Schon ▶ Mohammeds Staat in ▶ Medina beruhte auf diesem Konzept.

Kalligrafie: Der Begriff bezeichnet die Kunst des „Schönschreibens". In der Kulturgeschichte hat es sie überall dort gegeben, wo das Abschreiben eines heiligen Textes selbst auch als heiliger Vorgang, als ein Dienst für den Glauben, angesehen wurde. Im Christentum und im Islam ist sie besonders verbreitet. Da im Islam ein striktes Bilderverbot gilt, dienen als Kalligraphie gestaltete Koransuren auch als Verzierung, z. B. in ▶ Moscheen, aber auch für Wohnungen.

Konstantin (270/288–337): Nach dem Tod seines Vaters Konstantius I. wurde Konstantin der Große 306 zu einem der vier Kaiser im Imperium Romanum ausgerufen. Mit seiner Machtpolitik riss er nach und nach die Herrschaft im ganzen Reich an sich. Mit dem Sieg an der Milvischen Brücke im Jahr 312 war er alleiniger Herrscher im Westen des Reiches. Obwohl das Toleranzedikt aus dem Jahr 311 bereits Religionsfreiheit für die Christen gewährte, fanden im Osten des Reiches vermehrt Verfolgungen statt. Die Mailänder Vereinbarung von 313 mit Konstantins Mitregenten Licinius garantierte dann die ungehinderte Religionsausübung im gesamten Reich. Konstantins Religionspolitik sicherte ihm die Herrschaft und gab dem Römischen Reich eine zunehmend christliche Prägung. 320 wurde Konstantinopel als christliches Gegenstück zum alten, heidnischen Rom gegründet. Der Sonntag, der bereits im frühen Christentum den Sabbat ersetzt hatte, wurde von Konstantin im Jahr 321 zum verpflichtenden Feiertag erhoben. Im Jahr 325 rief Konstantin das Konzil von Nicäa zusammen, auf dem erstmals die Bischöfe und Kirchenvertreter des gesamten Reiches über ein gemeinsames Bekenntnis berieten. Christlich taufen ließ sich Konstantin aber erst auf dem Totenbett.

Koran: Die Heilige Schrift des Islam, die gemäß dem muslimischen Glauben die wörtliche Offenbarung Gottes an den Propheten ▶ Mohammed enthält. Er umfasst 114 Suren, die aus unterschiedlich vielen Versen bestehen. Er ist die Hauptquelle für die islamischen Gesetze. Gemäß der Überlieferung wurde der Koran Mohammed vom Erzengel Gabriel ins Herz geschrieben, sodass er aus diesem die Botschaft Gottes vortragen konnte. Im Laufe zweier Jahrzehnte schrieben die Anhänger Mohammeds die Offenbarung nieder.

Kureten: Waffenstarrende Dämonen aus der griechischen Mythologie. Ihre lauten Kriegsgesänge übertönten das Geschrei des Säuglings Zeus, der so der Ermordung durch seinen Vater Kronos entging und Stammvater der griechischen Götterwelt werden konnte.

Kyrie: Der Gesang des Kyrie eleison (griech.: Herr, erbarme dich) ist Bestandteil der Eröffnung des Gottesdienstes.

Lange, Ernst (1927–1974): Inspiriert vom Besuch einer protestantischen Gemeinde in New York gründete der evangelische Pfarrer und spätere Professor 1960 die sogenannte Ladenkirche in Berlin-Spandau. Das Reformprojekt wollte Kirche und Alltag miteinander verknüpfen. Die Gemeinde engagierte sich sozial in ihrem Viertel. In einer ehemaligen Bäckerei gab es offene Angebote für die Anwohner. Der Pfarrer bereitete mit den Besuchern die Predigt für den kommenden Sonntag vor. So konnte er die Gedanken und Anliegen der Menschen mit in den Gottesdienst einfließen lassen.

Märtyrer: Als Märtyrer (altgriech. μάρτυς: Zeuge) gilt jemand, der aufgrund seines Glaubens Verfolgung und Folter erleidet, dennoch an seinem Glauben festhält und – möglicherweise bis zur Ermordung – davon Zeugnis gibt. In der Zeit der frühen Kirche galt es sogar als erstrebenswert, im Martyrium zu sterben, da die Nachfolge Jesu bis in den Tod als gesicherter direkter Weg ins Himmelreich galt.

Medina: Die Stadt liegt im westlichen Saudi-Arabien und ist nach ▶ Mekka die zweitwichtigste heilige Stadt im Islam. In der sogenannten Prophetenmoschee befindet sich das Grab des Propheten ▶ Mohammed. Dieser übersiedelte 622 aus dem 440 km entfernt liegenden Mekka dorthin.

Mekka: Die Stadt liegt im westlichen Saudi-Arabien und beherbergt die ▶ Kaaba, den zentralen Wallfahrtsort des Islam. Mekka gilt als die Geburtsstadt ▶ Mohammeds. Dieser begann dort um 610 mit der Verbreitung der ihm von Gott offenbarten Botschaft. Anfangs konnte Mohammed dies ungestört in Mekka tun. Als er jedoch anfing, gegen die Verehrung anderer Götter zu predigen, begannen die Quraisch, der in Mekka herrschende Stamm, ihn und seine Anhänger zu verfolgen. Die Verfolgung ging so weit, dass ein Mordanschlag auf Mohammed geplant wurde, sodass dieser Mekka 622 verließ. In mehreren Kämpfen, die sich über Jahre hinzogen, eroberte Mohammed die Stadt schließlich im Jahr 630.

Minarett: Ein erhöhter Standplatz oder Turm bei oder an einer ▶ Moschee. Von hier werden die Muslime zum Gebet gerufen.

Mission: Unter Mission (lat. *missio*: Auftrag, Sendung) versteht man im christlichen Kontext den Auftrag zur Verbreitung des christlichen Glaubens. Grundlage und Ausgangspunkt dafür ist Jesu Auftrag an die Jünger, seine Botschaft unter allen Völkern zu verbreiten (Mt 28,19). Missionierung ist aber nichts spezifisch Christliches, sondern auch in anderen sogenannten Verkündigungsreligionen üblich.

Mohammed / Mohammad (570/573–632): Der Begründer des Islam ist zwischen 570 und 573 in ▶ Mekka geboren. Er gilt dort als Prophet Gottes. Im Alter von sechs Jahren verlor er nach dem Vater auch seine Mutter und wuchs dann bei seinem Großvater auf. Als auch dieser zwei Jahre später verstarb, nahm ihn sein Onkel, ein Händler, auf. 595 bot ihm seine damalige Arbeitgeberin, eine angesehene zweifache Witwe, die Ehe an. Damit änderte sich Mohammeds Lage, er war nun erstmals finanziell unabhängig und abgesichert. Ungefähr im Jahr 610 soll ihm auf dem Berg Hira der Erzengel Gabriel erschienen sein, der ihm Gottes Willen offenbarte. Der Engel forderte Mohammed wieder und wieder auf, zu lesen. Was genau, ist nicht klar, zudem Mohammed weder lesen noch schreiben konnte, was die Offenbarung noch erstaunlicher macht. Der Legende nach, erschien der Erzengel Gabriel Mohammed in den nachfolgenden Jahren immer wieder und überbrachte ihm so Stück für Stück alle Suren. Mohammed fing an, in Mekka seine Offenbarung zu verkünden. Er forderte unter anderem einen strengen ▶ Monotheismus, der auch ein Bilderverbot enthielt. Dies verärgerte den in ▶ Mekka lebenden Stamm der Quraisch, weshalb Mohammed Kontakt nach ▶ Medina herstellte und schließlich 622 zusammen mit seinen Anhängern auswanderte. Später eroberte er die Stadt Mekka in mehreren kriegerischen Auseinandersetzungen und führte den Islam als allgemein gültige Religion ein, wohnte aber weiterhin in Medina. 632 unternahm er eine Wallfahrt nach Mekka. Noch im selben Jahr verstarb er und ist in Medina begraben.

Monotheismus: Alle Religionen, die genau einen allumfassenden Gott kennen und lehren, werden als monotheistisch bezeichnet. Dazu gehören das Judentum, das Christentum und der Islam. Monotheistische Religionen wenden sich gegen eine Verehrung mehrerer Götter und gegen Götzendienst, also die Anbetung von Statuen und Bildern. Im Islam geht auf diesen Umstand das Bilderverbot zurück. Manche Muslime lehnen nicht nur die Bilder von Gott, sondern allgemein Bilder von Menschen ab. Die Mehrheit der Muslime empfindet auch Darstellungen von ▶ Mohammed als einen Verstoß gegen das Bilderverbot.

Moschee: Versammlungsort, Gebetshaus und Schule der Muslime. In ihr wird zu ▶ Allah gebetet, auch das ▶ Freitagsgebet findet hier statt. Jede Moschee enthält mindestens einen großen Saal. In diesem befinden sich stets eine Gebetsnische, die in Richtung ▶ Mekka liegt, sowie eine Kanzel, von der aus beim Freitagsgebet gepredigt wird. Ein Teil des Gebetsraums ist abgetrennt. Dort halten sich die Frauen auf. Außerhalb der Gebetszeiten werden in der Moschee Kurse, Vorträge und andere Veranstaltungen abgehalten.

Muezzin: Ausrufer, der die muslimische Gemeinde fünfmal am Tag zum Gebet aufruft. Die Uhrzeit am Morgen richtet sich nach dem Aufgang der Sonne, während die anderen Gebetszeiten von der Gemeinde festgelegt werden. Ursprünglich erfolgte der Ruf vom ▶ Minarett aus. Heutzutage wird er meist über Lautsprecher verbreitet.

Opferfest: Muslime erinnern sich daran, wie Abraham seinen Sohn auf Befehl Gottes opfern sollte. Erst im letzten Moment verhindert ein Engel den Tod des Kindes. Statt des Sohnes schlachtet Abraham einen Widder als Brandopfer für Gott. Auch beim islamischen Opferfest wird daher im Kreis der Familie ein Tier, meist ein Schaf, geschlachtet und gegessen; dabei wird ein Teil des Fleisches auch an Arme gespendet.

Parusie: Im christlichen Kontext meint Parusie (altgriech. παρουσία: Anwesenheit, Ankunft) die Rückkehr Jesu Christi auf die Erde. Die ersten Christen erwarteten seine Wiederkunft zur Vollendung des Reiches Gottes sehr zeitnah. Nachdem das ausblieb, sahen sich die ersten Gemeinden gezwungen, Jesu Botschaft für die nächsten Generationen zu erhalten. In den Gemeinden entstand eine schriftliche Überlieferung, die wir heute als Evangelien kennen. Darin spiegeln sich die jeweils unterschiedlichen Gemeindeprägungen wider.

Plädoyer: Der Begriff stammt aus der Rechtssprache und meint dort die zusammenfassende Rede eines Rechtsanwalts oder Staatsanwalts vor Gericht. Allgemein bezeichnet er eine Äußerung, in der jemand entschieden für oder gegen eine Sache eintritt.

Polytheismus: Der Glaube an eine Vielzahl von (männlichen und / oder weiblichen) Gottheiten. Polytheismus ist das Gegenteil von ▶ Monotheismus.

Samariter / Samaritaner: Religiöse Gruppe, die sich im 4. Jh. v. Chr. im Gebiet von Samaria bildete und wie die Juden nach den Geboten der ▶ Tora lebte. Samariter beteten Gott jedoch nicht im Jerusalemer ▶ Tempel an, sondern bei ihrem eigenen Heiligtum auf dem Berg Garizim. Dies führte 129 v. Chr. zu einem Bruch mit den Juden. Zur Zeit Jesu war „Samariter" ein Schimpfwort. Die Juden mieden das Gebiet um Samaria und gingen sogar große Umwege, um es nicht betreten zu müssen.

Scharia: Damit werden alle religiösen und rechtlichen Normen des Islam bezeichnet. Auch der Weg zur Findung der Normen und Vorschriften für ihre Interpretation sind in der Scharia enthalten. Hauptquellen für die Scharia sind der ▶ Koran und die ▶ Sunna.

Schiiten: Neben den ▶ Sunniten bilden sie die zweitgrößte Glaubensrichtung im Islam. Nach dem Tod ▶ Mohammeds wurde über dessen rechtmäßigen Nachfolger gestritten. Für die Gruppe, aus der die Schiiten entstanden, sollte dies unbedingt ein Verwandter Mohammeds sein. Deswegen leisteten sie Mohammeds Vetter und Schwiegersohn ihren Treueeid.

Schleiermacher, Friedrich Daniel Ernst (1768–1834): Der in Breslau geborene evangelische Theologe war Gemeindepfarrer und Professor an der Universität zu Berlin. Mit seiner Schrift *Über die Religion. Reden an die Gebildeten unter ihren Verächtern* wurde er berühmt. Darin verteidigt er die Religion gegen die damals verbreitete Meinung, dass sie nur als eine moralische Instanz diene und historisch und wissenschaftlich zu untersuchen sei. Nach Schleiermacher ist Religion das „unmittelbare Gefühl der Abhängigkeit des Menschen von Gott", sie ist „Sinn und Geschmack für das Unendliche". Schleiermacher hat die Theologie nicht nur als universitäre Disziplin gefestigt, sondern zugleich das Christentum in neuzeitliches Denken überführt.

Sufismus: Sammelbezeichnung für verschiedene Strömungen im Islam. Kennzeichnend ist eine asketische Lebensweise. Oberstes Ziel der Sufisten ist es, Gott nahe zu sein und das eigene Leben hinter sich zu lassen. Die Liebe zu Gott weist dabei den Weg und bestimmt das Handeln. Sufisten leben häufig als Bettelmönche und gehören Mönchsorden an. Es gibt sowohl bei den ▶ Sunniten wie auch bei den ▶ Schiiten Sufi-Orden. Vgl. auch ▶ Derwisch.

Sunna: Neben dem ▶ Koran das wichtigste Buch im Islam. Darin sind Episoden aus dem Leben Mohammeds festgehalten, die als Vorbild für das eigene Verhalten gelten. Damit ist sie eine wichtige Quelle für die ▶ Scharia.

Sunniten: Sie bilden die zahlenmäßig größte Glaubensrichtung im Islam. Die Bezeichnung bezieht sich auf den Begriff ▶ Sunna. Die Richtung bildete sich nach dem Tod ▶ Mohammeds, als über dessen Nachfolger gestritten wurde. Die Mehrheit der Muslime schwor Mohammeds Schwiegervater den Treueeid, daraus entstanden die Sunniten. Eine kleine Gruppe lehnte aber den Schwiegervater als rechtmäßigen Nachfolger ab. Aus ihnen entstanden die ▶ Schiiten.

Taizé: Der internationale ökumenische Männerorden wurde 1942 in Taizé, ungefähr zehn Kilometer nördlich von Cluny, Frankreich, von Roger Schutz gegründet. Bekannt sind vor allem die ökumenischen Jugendtreffen, zu denen jährlich rund 100.000 Besucher kommen. Die „Gesänge aus Taizé" werden in vielen Gottesdiensten weltweit gesungen.

Tempel: Nach der biblischen Darstellung ließ König Salomo um 950 v. Chr. einen Tempel in Jerusalem bauen. Dieser war das religiöse Zentrum des Landes. Man feierte Gottesdienste und verrichtete Opfer. Im Allerheiligsten galt Jahwe als unsichtbar anwesend. Die Babylonier eroberten 587 v. Chr. Jerusalem und zerstörten den Tempel. Nach dem Ende ihrer Herrschaft wurde er erneut aufgebaut. Ab ca. 20 v. Chr. ließ König Herodes den Tempel prächtig ausbauen. 70 n. Chr. wurde er von den Römern endgültig zerstört. Nur ein Teil der Westmauer, die sog. Klagemauer, steht bis heute und ist der heiligste Ort des Judentums.

Tora: Die Tora ist die Heilige Schrift des Judentums und der erste Teil der hebräischen Bibel. Tora bedeutet Gesetz, Lehre, Anweisung. Die Tora besteht aus den fünf Büchern Mose und enthält 613 Ge- und Verbote. Sie wird zur Vervielfältigung bis heute von besonders ausgebildeten Toraschreibern von Hand auf Schriftrollen geschrieben.

Wahabiten: Eine Bewegung, die im 18. Jahrhundert auf der arabischen Halbinsel entstand und den ▶ Sunniten angehört. Sie vertreten einen sehr ursprünglichen Islam, bei dem der ▶ Koran wörtlich genommen und nicht interpretiert werden darf.

Wichern, Johann Hinrich (1808–1881): Der evangelische Theologe wurde in Hamburg geboren. Bei seiner Arbeit als Oberlehrer in der Kirchengemeinde im Elendsviertel St. Georg wurde er mit der Not der Bevölkerung konfrontiert und gründete daher 1833 das Rauhe Haus in Hamburg zur Rettung verwahrloster Jugendlicher. Sie wurden im Glauben erzogen, gingen zur Schule und erlernten einen Beruf. 1848 begründete Wichern die ▶ Innere Mission und warb auf vielen Reisen für deren Initiativen. Zudem setzte er sich für eine Reform des Gefängniswesens ein. 1881 starb er an einem Schlaganfall.

Themen für Referate

Kapitel	Seite	Aufgabe	Thema
1	17	6	Lebenswirklichkeit und die Rolle von Religion und Glaube in den Epochen – Romanik – Gotik – Barock – Renaissance – Klassizismus – Jugendstil
2	33	4	Neuendettelsauer Neuguinea-Mission
2	36	5	Christenverfolgung heute
3	55	8	Feste im Isalm
4	67	11	Ursachen, Symptome, Folgen und mögliche Hilfsangebote bei einer Sucht – Essstörungen – Alkoholsucht – Nikotinsucht – Drogensucht – Medikamentenabhängigkeit – Kaufsucht – Spielsucht
4	75	8	Menschen, deren Visionen die Geschichte beeinflusst haben – Albert Schweitzer – Hermann Gmeiner – Martin Luther King – Nelson Mandela – Mahatma Gandhi – Mutter Teresa – Mitglieder der Weißen Rose – Dietrich Bonhoeffer
5	85	7	Wichtige Personen für die Anfänge der Diakonie – Wilhelm Löhe – Friedrich von Bodelschwingh

Bibelstellen

1. Buch Mose: Genesis
Gen 1,1–2   S. 13
Gen 11,1–9   S. 26
Gen 22,1–19   S. 55
Gen 17,10-14   S. 102

2. Buch Mose: Exodus
Ex 20,4   S. 47

3. Buch Mose: Levitikus
Lev 19,18   S. 82
Lev 21,5   S. 49

5. Buch Mose: Deuteronomium
Deut 6,5   S. 82

1. Könige
1.Kön 19,11–13   S. 11

Psalter
Ps 51,13–14   S. 13
Ps 104,29   S. 13

Jesaja
Jes 40,7   S. 13
Jes 11,6–9   S. 73
Jes 41,10.13   S. 35

Joel
Joel 3,1–5   S. 10, 26

Jona
Jon 1,4   S. 13

Matthäus
Mt 1,18   S. 13
Mt 28,18–20   S. 28
Mt 25,31–46   S. 83

Markus
Mk 1,9–11   S. 13
Mk 1,17   S. 37

Lukas
Lk 10,25–29   S. 82
Lk 10,25–37   S. 82
Lk 11,9–13   S. 71

Johannes
Joh 4,1–19   S. 69
Joh 4,13   S. 69
Joh 6,1–15   S. 37
Joh 14,26   S. 13
Joh 16,7–8   S. 13

Apostelgeschichte
Apg 2   S. 11
Apg 2,1–13   S. 26
Apg 2,14–41   S. 30, 39

Apg 2,42–47   S. 28
Apg 4,32–35   S. 28
Apg 9,1–30   S. 30
Apg 13–21   S. 32
Apg 15,7–35   S. 35
Apg16,9–10   S. 30
Apg 17,2–4   S. 30
Apg 17,16–34   S. 33
Apg 18,1–4   S. 30
Apg 27f.   S. 33
Apg 28,20–31   S. 30

Römer
Röm 8,9   S. 13
Röm 8,14   S. 13

Korinther
1. Kor 1,10–17   S. 34
1. Kor 1,17–25   S. 36
1. Kor 11,4–5   S. 57
1. Kor 3,5–17   S. 34

Galater
Gal 3,28   S. 33
Gal 5,22.23a   S. 13

Philipper
Phil 3,5–6   S. 30

Quellen

Texte

Nicht gekennzeichnete Texte sind Autorentexte. Alle Bibeltexte, soweit nicht anders angegeben, nach: Die Bibel. Nach Martin Luthers Übersetzung. Lutherbibel, revidiert 2017. Mit Apokryphen, © Deutsche Bibelgesellschaft, Stuttgart (29, 67, 71, 80).

10: Christoph Breit, Gebet, https://gebet.bayern-evangelisch.de/pfingsten.php / 11: Renate Wind, Christsein im Imperium. Jesusnachfolge als Vision einer anderen Welt, Gütersloher Verlagshaus, Gütersloh 2016, kindle ebook o.S. / 13: Tilmann Haberer in: Helmut Frank (Hg.), Basiswissen. Christlicher Glaube, Claudius München 2010, S. 107 / 13: Susanne Niemeyer, Herr Wohllieb sucht das Paradies, Herder Freiburg 2017 / 15: Susanne Niemeyer, Siehst du mich? Das andere Jugendgebetbuch, Herder Freiburg 2017 / 18: https://www.swr.de/sport/fussball-religion-juergen-klopp-ich-verlasse-mich-auf-gott/-/id=1208948/did=18377874/nid=1208948/15ox7j9/index.html / 19: Daniela Schremser, ejb, www.ejb.de/was-wir-machen/spiritualitaet/weidenkirche / 19: Engelbert Birkle, https://www.pfarreien-weilheim.de/pfarrei-mariae-himmelfahrt/fernseh-gottesdienst-in-weilheim-2017 / 21: © Mona (Schülertext) / 22: Text: Avril Lavigne, Stephan Moccio, Travis Randall Clark, Jonathan Rotem, Musik: Publishing LLC/Rondor Musikverlag GmbH, Berlin | Sing Little Penguin/Song of Universal Inc./Universal/MCA Music Publishing GmbH, Berlin | Travis Clark Music/BMG Rights Management GmbH, Berlin | Jonathan Rottem Music/Southside Independent Music Publishing/Neue Welt, Musikverlag GmbH, Hamburg | Sony ATV Songs LLC/Sony/ATV Music Publishing (Germany) GmbH, Berlin / 23: © Gisela Baltes, /http://impulstexte.de/glaubwuerdig/mit-gott-sprechen/eile / 27: Horst Janssen, Abschrift der Bildquelle von 25 / 28: W. Ward Gasque in: Tim Dowley (Hg.), Die Geschichte des Christentums, Brockhaus, Witten 2. Aufl. 1992, 59 / 28: Text: Siebald, Manfred (OT: Kaiser, Kurt), Musik: 1969 Bud John Songs, Rechte für D/A/CH Universal Music Publishing, Berlin / 29: Hanns Baumeister, Goldmedaille am siebten Tag, Gütersloher Taschenbücher, Gütersloh 1995, 44 / 31: Andrea Wagner-Pinggéra, Sonntagsblatt vom 29.07. 2018. https://www.sonntagsblatt.de/artikel/

morgenfeier/glaube/predigt-beruf-und-berufung / 33: Peter Pilhofer, Städtische Wurzeln des frühen Christentums; ThPQ 161 (2013) S.158–165, hier: 161 / 34: W. Ward Gasque in: Tim Dowley (Hg.), Die Geschichte des Christentums, Brockhaus, Witten 2. Aufl. 1992, 73f. / 35: Beate Herzog, Unsere Schule streitet mit Gewinn, Vandenhoeck & Ruprecht, Göttingen 2007, 18 / 35: Renate Wind, Christsein im Imperium, Jesusnachfolge als Vision einer anderen Welt, Gütersloher Verlagshaus, Gütersloh 2016, 130f. / 35: Heinrich Bedford-Strohm, https://www.ekd.de/ekdtext_123_schulseelsorge.htm / 36, 38: Markus Hattstein, Christentum: Geschichte, Lehre, Glaube, Parragon, Bath 2009, 21 / 39: Harmjan Dam, Selçuk Doğruer, Susanna Faust-Kallenberg, Begegnung von Christen und Muslimen in der Schule. Eine Arbeitshilfe für gemeinsames Feiern, Vandenhoeck & Ruprecht, Göttingen 2016, 22 / 42: Almedin (Schülertext) / 43: Zümra (Schülertext) / 44f.: Andrea Oster, www.planet-wissen.de/kultur/religion/islam/pwiemohammedibnabdallahderprophetausmekka100.html / 45: Mouhanad Khorchide in Willi Weitzel, Mouhanad Khorchide: Der Islam. Fragen und Antworten für alle, die's wissen wollen. Edition chrismon, 75 / 46: Harmjan Dam, Selçuk Doğruer, Susanna Faust-Kallenberg, Begegnung von Christen und Muslimen in der Schule. Eine Arbeitshilfe für gemeinsames Feiern, Vandenhoeck & Ruprecht, Göttingen 2016, 42f. / 47: Melanie Miehl, Basiswissen Mohammed, Gütersloher Verlagshaus, Gütersloh 2000, S. 89 / 47, 50, 53, 57: Der Koran. Aus dem Arabischen neu übertragen von Hartmut Bobzin, Verlag C.H. Beck, München, 2. Aufl. 2015 / 52, 58f.: Friederike Schmöe, Jetzt trägt sie auch noch Kopftuch!, Verlag an der Ruhr, Mülheim 2016, 22f. / 54: Özlem Topçu, Einmal Glaube und zurück. Die ZEIT 2/2011 vom 5. Januar, https://www.zeit.de/2011/02/DOS-Mekka/komplettansicht / 57: Ümmühan Çiftçi, Julia Feder, Persönliche Erfahrungen mit dem Kopftuch. http://www.deutsche-islam-konferenz.de/DIK/DE/Magazin/SchwerpunktKopftuch/Erfahrungsberichte/erfahrungsberichte-node.html / 60: Elisabeth Zöller, Elisabeth, Nana oder der Sinn des Lebens, Thienemann Stuttgart, Wien, Bern 1997, S. 9 / 62: Michéle Günthner, https://chrismon.

evangelisch.de/artikel/2016/32158/vier-cosplayer-ueber-ihre-leidenschaft / 63: Hans Kruppa: Valentina sucht das Glück. dtv, München 2013, S. 8 / 63: Erich Fromm, Locarneser Interviews, Rainer Funk (Hg.) Open Publishing, München 2016, Interview mit Heinrich Jaenecke (o.S.) / 64: Eva Orttenburger, www.nordbayern.de/panorama/influencer-marketing-so-beeinflussen-uns-internet-stars-1.7015619?tab Param=rating / 65: Erich Kästner, Die vier archimedischen Punkte: kleine Neujahrs-Ansprache vor jungen Leuten, Signal-Verlag Frevert, Baden-Baden 1961 / 64: Annette Schlipper, Gewitter im Bauch, Georg Bitter, Recklinghausen 1989 S. 97f. / 68: Geraldine Lindemann-Stein, in: Immer wieder Herzklopfen, hg. von Heike Laufenburg, Zwiebelzwerg Verlag Christian Schell, Willebadessen und Düsseldorf 1989, S. 78 / 68: Martin Luther: Großer Katechismus. Nach der Fassung des deutschen Konkordienbuches, Dresden 1580 / 70: Kerstin Hack, Andrea Specht, https://magazin.down-to-earth.de/gott-erfahren/kerstin-hack-und-andrea-specht-unerfuellte-wuensche-bringen-uns-gott-naeher / 71: Therese von Lisieux, Selbstbiographie, Johannes Verlag, Einsiedeln 2003, S. 214f. / 71: Mechthild von Magdeburg, Das fließende Licht der Gottheit, ausgewählt und übertragen von Sigmund Simon, Oesterheld, Berlin 1907 / 72: Marliese Arold: Völlig schwerelos, Loewe Verlag, Bindlach ²1997, S. 53f. / 74: Andreas Venzke, Leben für den Frieden. Berühmte Menschen gegen Krieg und Gewalt im Porträt, Arena, Würzburg 2009, S. 12–14 / 80: Christian Fürchtegott Gellert, Der Blinde und der Lahme, in Gellerts Fabeln. Gellerts moralische Gedichte und Lieder, Karlsruhe 1774 / 81: Text: Siebald, Manfred. Musik: 1990 SCM Hänssler, D-71087 Holzgerlingen / 82: © Wilhelm Gräb und Religionsphilosophischer Salon Berlin, https://religionsphilosophischer-salon.de/5388_weiter-denken-wer-ist-mein-naechster-drei-fragen-an-prof-wilhelm-graeb-berlin_weiter-denken / 83: Linda Jarosch, Ein Maßstab für mich? In: Bibel heute 1/2016, 52. Jahrgang, Zeitschrift des Katholischen Bibelwerks e.V., Stuttgart 2016, S. 28f. / 84: Uwe Mann van Velzen, www.rauheshaus.de/aktuell/article/175-jahre-adventskranz-ein-licht-der-hoffnung-in-dunklen-tagen.html / 85: Johann Hinrich Wichern: Die innere Mission der deutschen evangelischen Kirche. Eine Denkschrift an die deutsche Nation im Auftrage des Centralausschusses für die innere Mission, Hamburg, Agentur des Rauen Hauses zu Horn, 1849, S. 4 / 86: https://www.diakonie.de/auf-einen-blick / 87: Martha Eber, http://www.ebz-muenchen.de/telefonseelsorge/angebot-mitarbeit/interview / 89: Michael Fricke, Martin Dorner, Werkbuch Diakonisches Lernen, Vandenhoeck & Ruprecht, Göttingen 2015, S. 84–86